El Gran Cisma De 1054

Desentrañar la división histórica entre las iglesias ortodoxa oriental y católica romana y su impacto duradero en el cristianismo

Chronicle Publishers

Tabla de contenido

Página de derechos de autor

Introducción: una división que se siente a través del tiempo

Era el año 1054, un año trascendental para el cristianismo, aunque pocos en ese momento se dieron cuenta de lo trascendental que era. Para el observador casual, podría haber parecido un desacuerdo cualquiera, uno de los muchos que se habían gestado a fuego lento entre las iglesias de Oriente y Occidente a lo largo de los siglos. Pero este desacuerdo particular –este amargo intercambio de excomuniones entre los representantes del Papa León IX y el Patriarca Michael Cerularius–

cambiaría el mundo cristiano para siempre. No fue la primera señal de tensión, ni sería la última, pero aquel fatídico día en Santa Sofía, en el corazón de Constantinopla, se formalizó la división entre la Iglesia Católica Romana y la Iglesia Ortodoxa Oriental. Lo que comenzó como una confrontación teológica y política se convirtió en un cisma que duró siglos y dejó al mundo cristiano permanentemente dividido.

Hoy nos referimos a esto como el Gran Cisma de 1054, una división que todavía resuena en las vidas de los cristianos de todo el mundo. Pero ¿por qué este acontecimiento, de casi un milenio de antigüedad, sigue siendo tan importante hoy en día? ¿Cómo podría un acto de desafío, un fatídico intercambio de palabras, conducir a una separación que ha durado durante siglos? Estas son preguntas que este libro explorará. Al rastrear las raíces del cisma, no nos limitaremos a contar los acontecimientos; Viajaremos a las vidas de los involucrados, comprenderemos las fuerzas más importantes en juego y reflexionaremos sobre el legado que esta división ha dejado en el cristianismo moderno.

Panorama general del cisma: por qué la ley 1054 sigue siendo importante hoy en día

La división entre la Iglesia Ortodoxa Oriental y la Iglesia Católica Romana es uno de los acontecimientos más importantes de la historia cristiana. No fue sólo un choque de personalidades o un momento fugaz de tensión política: fue la culminación de siglos de diferencias crecientes. El cisma representa una fractura fundamental dentro de la fe cristiana, no sólo dividiéndola geográficamente entre Oriente y Occidente sino también teológica, cultural y políticamente. Incluso hoy, el cisma sigue sin resolverse y sus efectos se ven en todo, desde las tradiciones eclesiásticas hasta las formas en que las dos ramas del cristianismo se relacionan entre sí.

Para los cristianos modernos, especialmente aquellos que practican la ortodoxia oriental o el catolicismo romano, el cisma es un recordatorio de la complejidad de la tradición cristiana. Refleja cuán profundamente la política, la cultura y el poder pueden cruzarse con la fe, a veces con consecuencias irreversibles. Para quienes están fuera de estas ramas, es un ejemplo conmovedor de cómo incluso una creencia compartida en Cristo puede llevar a la división cuando preocupaciones terrenales nublan la unidad religiosa.

El cisma todavía importa hoy porque sentó las bases de gran parte de lo que siguió tanto en Oriente como en Occidente. En Oriente, el Imperio Bizantino, con Constantinopla como corazón, continuaría defendiendo la ortodoxia oriental, estableciendo un legado duradero que se extendería por Rusia y Europa del Este. Mientras tanto, en Occidente, la Iglesia Católica Romana seguiría creciendo en poder, influyendo en el curso de Europa Occidental a través de acontecimientos como las Cruzadas, el Renacimiento y la Reforma. El cisma no fue sólo un acontecimiento en la historia de la iglesia: moldeó toda la trayectoria de la civilización cristiana.

Pero las razones por las que este cisma sigue siendo importante hoy en día van más allá de su significado histórico. En una época en la que el ecumenismo (el movimiento para promover la unidad entre las denominaciones cristianas) es más fuerte que nunca, la división entre Oriente y Occidente constituye tanto un desafío como una oportunidad. Las discusiones teológicas continúan entre las dos iglesias y, si bien las heridas del pasado son profundas, hay un reconocimiento cada vez mayor de la necesidad de diálogo. Los acontecimientos de 1054 nos recuerdan la importancia de la humildad, la comprensión y el compromiso compartido con la fe, incluso cuando siglos de división parecen insuperables.

El cristianismo antes de la división: la unidad que alguna vez existió

Para comprender plenamente el Gran Cisma de 1054, primero debemos viajar en el tiempo a una época en la que el cristianismo todavía estaba unido: antes de la división, antes de la tensión, antes de que las disputas teológicas se endurecieran hasta convertirse en divisiones permanentes. En los siglos posteriores a la muerte y resurrección de Cristo, el cristianismo creció rápidamente y se extendió por todo el Imperio Romano. A medida que la fe se expandió, se adaptó a diversos contextos culturales, lingüísticos y políticos, pero siguió siendo, en esencia, un cuerpo unificado de creyentes.

Para los primeros cristianos, Roma era el centro del imperio, pero Constantinopla, la "nueva Roma" fundada por el emperador Constantino en el año 330 d.C., acabaría convirtiéndose en el corazón del cristianismo oriental. A pesar de su distancia geográfica, ambas ciudades estaban unidas por una creencia compartida en Cristo y una misión común de difundir el Evangelio. Las primeras comunidades cristianas desde Jerusalén hasta Antioquía, desde Alejandría hasta Cartago, estaban unificadas en su fe. Compartían prácticas litúrgicas, entendimientos teológicos y respeto por la autoridad de los concilios eclesiásticos similares.

Pero incluso en este primer período de unidad, comenzaron a surgir diferencias sutiles. A medida que el cristianismo creció en el Oriente de habla griega y en el Occidente de habla latina, comenzaron a formarse variaciones lingüísticas, culturales y administrativas. La

Iglesia Oriental, influenciada por las tradiciones intelectuales de la filosofía griega, tendió a enfatizar los aspectos místicos de la fe y la divinidad de Cristo. La Iglesia occidental, arraigada en el derecho y la estructura romanos, a menudo se centró más en la humanidad de Cristo y los aspectos legalistas de la teología, como el pecado y la redención.

Sin embargo, estas diferencias no eran insuperables. Los concilios de la Iglesia, como el Concilio de Nicea en el año 325 d. C. y el Concilio de Calcedonia en el año 451 d. C., reunieron a obispos de todo el mundo cristiano para discutir disputas teológicas y afirmar los principios fundamentales de la fe. A pesar de desacuerdos ocasionales, el mundo cristiano primitivo funcionó como un cuerpo único, aunque diverso.

Sin embargo, en el siglo IX, las grietas en esta unidad comenzaron a aparecer. Las diferencias en lenguaje, teología y prácticas litúrgicas comenzaron a profundizarse. La Iglesia Oriental buscaba liderazgo en Constantinopla, mientras que la Iglesia Occidental veía cada vez más a Roma y al Papa como la autoridad suprema. Estas crecientes distinciones prepararon el escenario para el cisma que se desarrollaría en 1054.

El papel del poder, la política y la teología: lo que separó a Oriente y Occidente

El Gran Cisma de 1054 no fue un acontecimiento repentino ni fue causado por una sola disputa teológica. Más bien, fue el resultado de una compleja red de factores políticos, culturales y teológicos que se habían ido construyendo durante siglos. Para comprender verdaderamente lo que separó a Oriente y Occidente, debemos observar la interacción entre poder, política y teología durante este período.

En el centro del cisma estaba una cuestión de autoridad. ¿Quién tenía la última palabra en asuntos de la fe cristiana? Para la Iglesia occidental, la respuesta era clara: el Papa, como sucesor de San Pedro, ostentaba la autoridad suprema sobre todos los cristianos. La Iglesia Oriental, sin embargo, veía las cosas de otra manera. Si bien respetaban al Papa como una figura importante, creían que el Patriarca de Constantinopla y otros obispos o patriarcas clave debían tener igual voz. La Iglesia Oriental enfatizó un enfoque más colegiado del liderazgo, con decisiones tomadas colectivamente por los concilios eclesiásticos en lugar de por una sola figura.

Esta cuestión de autoridad se vio agravada por el surgimiento del Imperio Bizantino en Oriente y el Sacro Imperio Romano Germánico en Occidente. Ambos imperios estaban profundamente entrelazados con sus respectivas iglesias y sus ambiciones políticas a menudo influyeron en los debates teológicos. Por ejemplo, cuando el Papa León III coronó a Carlomagno como Emperador del Sacro Imperio Romano Germánico en el año 800 d.C., provocó conmociones en el mundo bizantino. Los bizantinos se veían a sí mismos como herederos legítimos del Imperio Romano y este acto fue visto como un desafío directo a su autoridad.

Las diferencias teológicas también jugaron un papel importante en el cisma. La más famosa de estas disputas fue sobre la inclusión de la palabra Filioque en el Credo de Nicea. Originalmente, el credo, establecido en el Concilio de Nicea, afirmaba que el Espíritu Santo procede del Padre. Sin embargo, la Iglesia occidental añadió la frase "y el Hijo" (Filioque) sin consultar a la Iglesia oriental. Este cambio aparentemente pequeño provocó intensos debates teológicos sobre la naturaleza de la Trinidad y el papel apropiado de los concilios eclesiásticos en la definición de la doctrina.

Además de la controversia sobre Filioque, hubo otras disputas teológicas que contribuyeron a la creciente división. La Iglesia Oriental mantuvo una fuerte tradición de misticismo, enfatizando la naturaleza incognoscible de Dios y la importancia de la experiencia personal en la vida espiritual. La Iglesia occidental, influenciada por la tradición legalista del derecho romano, a menudo se centró más en la doctrina del pecado original y los mecanismos de la salvación. Estas diferencias, aunque sutiles al principio, se hicieron más pronunciadas con el tiempo, lo que llevó a una brecha cada vez mayor entre las dos ramas del cristianismo.

Las diferencias culturales y lingüísticas también influyeron. A medida que el Oriente de habla griega y el Occidente de habla latina se alejaron, la comunicación entre las dos regiones se volvió más difícil. Los malentendidos se multiplicaron y lo que alguna vez se habrían considerado desacuerdos menores se convirtieron en importantes puntos de discordia. Oriente veía a Occidente como cada vez más rígido y autoritario, mientras que Occidente veía a Oriente como demasiado místico y poco dispuesto a someterse a la autoridad del Papa.

El poder, la política y la teología se entrelazaron para crear un entorno en el que el cisma se volvió inevitable. En el momento de las excomuniones mutuas en 1054, la división entre Oriente y Occidente era demasiado profunda para repararla fácilmente. Las excomuniones mutuas entre el cardenal Humbert y el patriarca Miguel Cerulario en 1054 no fueron sólo la culminación de agravios personales; simbolizaban los siglos de tensión creciente entre dos mundos que se habían distanciado. Cuando los legados papales irrumpieron en Santa Sofía para colocar su bula de excomunión en el altar, las relaciones habían llegado a un punto de ruptura.

Las profundas diferencias culturales, teológicas y políticas hicieron que la reconciliación fuera casi imposible, aunque los actos formales de excomunión fueron posteriormente rescindidos. El profundo sentimiento de desconfianza en ambas partes significó que ni Oriente ni Occidente pudieran cerrar la brecha fácilmente. A partir de ese momento, el mundo cristiano permanecería dividido en dos tradiciones distintas: el catolicismo romano en Occidente y la ortodoxia oriental en Oriente, cada una desarrollándose a lo largo de su propio camino, con sus propias costumbres, doctrinas y gobierno.

¿Por qué este libro? Una mirada moderna a una antigua división

Este libro pretende contar la historia del Gran Cisma de 1054 no sólo como un momento congelado en el tiempo sino como un acontecimiento vivo cuyas consecuencias resuenan incluso hoy. ¿Por qué revisitar una brecha religiosa milenaria? Porque el Gran Cisma no es simplemente una reliquia del pasado: es una lente a través de la cual podemos comprender mejor el cristianismo moderno, la formación de las identidades europeas y de Medio Oriente y la forma en que el poder religioso y político continúa dando forma al mundo.

Al explorar el Cisma, obtenemos información sobre algo más que la historia de la iglesia. Vemos cómo el poder (tanto espiritual como temporal) puede unir o dividir a las personas, cómo la teología puede servir como puente hacia la fe y campo de batalla para la doctrina, y cómo la política a menudo convierte las diferencias teológicas en guerras de identidad. Este libro analiza el Cisma no sólo como un estudio académico sino como una historia humana, llena de ambición, creencias y conflictos, impulsada por personas reales con emociones y deseos reales.

Hoy en día, a medida que los esfuerzos por la unidad cristiana se fortalecen y el diálogo ecuménico entre las Iglesias católica y ortodoxa continúa, el legado del cisma sigue siendo importante. Sirve como una advertencia sobre cómo la división puede persistir durante siglos y como una invitación a comprender las complejidades de la reconciliación. El Gran Cisma de 1054 es un recordatorio de que, si bien las fuerzas de la división pueden ser poderosas, la esperanza de unidad siempre está al alcance, incluso si lleva siglos lograrla.

En este libro, exploraremos las raíces de esta división, los actores clave y los efectos en cadena que han perdurado a lo largo del tiempo. Al comprender el Gran Cisma, podemos apreciar mejor no sólo las complejidades de la historia cristiana sino también la conversación en curso entre Oriente y Occidente que continúa dando forma a los paisajes espirituales y geopolíticos de nuestro mundo actual.

Capítulo 1

LOS MUNDOS ROMANO Y BIZANTINO CHOCAN

En este capítulo, exploraremos el choque trascendental entre los imperios romano y bizantino que preparó el escenario para el Gran Cisma de 1054. Aunque estos dos mundos poderosos compartían una fe cristiana común, sus diferencias en idioma, cultura y gobierno los impulsaron cada vez más. aparte. El Imperio Romano, con sus tradiciones latinas, y el Imperio Bizantino, arraigado en la herencia griega, comenzaron a ver fracturarse su comunidad cristiana, una vez unificada. Las rivalidades políticas, los desacuerdos teológicos y las disputas territoriales no hicieron más que profundizar la división. A medida que aumentaron las tensiones, el vínculo que alguna vez fue fuerte entre Roma y Constantinopla se deshizo lentamente, lo que llevó a siglos de conflicto y división que remodelarían para siempre el panorama cristiano.

El cristianismo en el Imperio Romano

En los primeros días del cristianismo, el Imperio Romano era la cuna de una religión que algún día se extendería por todo el mundo. Cuando Constantino el Grande se convirtió en emperador en el año 312 d. C., el cristianismo ya estaba creciendo de manera constante, pero todavía era una fe relativamente pequeña, a menudo perseguida e incomprendida. Sin embargo, bajo el gobierno de Constantino, todo cambió. Su Edicto de Milán en el año 313 d.C. concedió a los cristianos el derecho a adorar libremente, y pronto el cristianismo pasó de los márgenes de la sociedad romana al corazón mismo de ella. La conversión del emperador al cristianismo marcó un punto de inflexión, señalando no sólo el surgimiento de una nueva fe sino también la transformación del mundo romano.

La decisión de Constantino de abrazar el cristianismo reformó el imperio. En la época de su reinado, el Imperio Romano era vasto y se extendía desde Gran Bretaña hasta el norte de África, desde España hasta Oriente Medio. Este enorme territorio estaba unido bajo la ley y el gobierno romanos, pero estaba dividido cultural y lingüísticamente. La mitad occidental del imperio, con centro en Roma, hablaba latín, mientras que la mitad oriental, con centro en Constantinopla, hablaba griego. A medida que el cristianismo se extendió, se adaptó a estos diferentes contextos culturales, sentando las bases para las divisiones que más tarde conducirían al Gran Cisma.

En los primeros siglos cristianos, la Iglesia era una institución frágil, constantemente en riesgo tanto de persecución externa como de disputas teológicas internas. Los primeros Padres de la Iglesia trabajaron incansablemente para establecer una doctrina unificada, pero sus esfuerzos a menudo se vieron desafiados por desacuerdos sobre la naturaleza de Cristo, la Trinidad y la relación entre lo divino y lo humano. Para abordar estas crecientes preocupaciones, Constantino convocó el Primer Concilio de Nicea en el año 325 d.C., que reunió a obispos de todo el imperio para debatir y aclarar la teología cristiana. El Credo de Nicea, una declaración de creencia cristiana establecida en el concilio, tenía como objetivo unificar la fe, pero también destacó las diferencias teológicas que más tarde contribuirían a la división entre Oriente y Occidente.

A medida que el cristianismo echó raíces, se adaptó a las realidades culturales y políticas del Imperio Romano. En Occidente, la fe estuvo influenciada por el derecho romano y la estructura del gobierno romano. El obispo de Roma, más tarde conocido como el Papa, se convirtió en la figura más destacada del cristianismo occidental y su autoridad se fue ampliando gradualmente con el tiempo. En Oriente, sin embargo, el cristianismo fue moldeado por las tradiciones intelectuales de la filosofía griega y el Imperio Bizantino, que surgiría como el sucesor del Imperio Romano en Oriente.

La formación del Imperio Bizantino

En el año 330 d.C., Constantino trasladó la capital del Imperio Romano a Bizancio, una antigua ciudad estratégicamente situada a orillas del Bósforo. Le cambió el nombre a Constantinopla y, con el tiempo, se convirtió en el centro del Imperio Bizantino, la continuación oriental del Imperio Romano. Mientras que el Imperio Romano Occidental cayó ante las invasiones bárbaras en el siglo V, el Imperio Bizantino sobrevivió durante casi mil años más, desarrollando su propia identidad única.

Constantinopla rápidamente creció hasta convertirse en una de las ciudades más importantes del mundo, un centro de comercio, cultura y política. Era una ciudad de contrastes, donde la grandeza de la arquitectura romana se mezclaba con el misticismo espiritual de Oriente. En muchos sentidos, Constantinopla era el símbolo perfecto del Imperio Bizantino: un puente entre dos mundos, Oriente y Occidente, unidos por el cristianismo pero divididos por el idioma, la cultura y la geografía.

En el siglo VI, el Imperio Bizantino, bajo el emperador Justiniano, alcanzó su apogeo y recuperó gran parte del antiguo Imperio Romano Occidental. La ambición de Justiniano era restaurar la gloria del Imperio Romano, y durante su reinado se construyeron algunos de los monumentos más emblemáticos de la historia cristiana, incluida Santa Sofía, una iglesia que se convertiría en el corazón espiritual del cristianismo oriental. Sin embargo, incluso cuando el Imperio Bizantino se expandió y floreció, las tensiones con Occidente iban en aumento.

Una de las diferencias clave entre el mundo bizantino y occidental fue su relación con la Iglesia. En el Imperio Bizantino, el emperador era visto como el protector de la Iglesia y desempeñaba un papel activo en los asuntos religiosos. Esto contrastaba marcadamente con Occidente, donde el Papa afirmaba cada vez más su independencia de los gobernantes seculares. Con el tiempo, esta diferencia en la gobernanza se convertiría en una de las cuestiones centrales que dividen a las dos mitades de la cristiandad.

El Imperio Bizantino, con capital en Constantinopla, era un mundo claramente de habla griega, profundamente influenciado por la cultura helenística y la filosofía griega. Occidente, por otra parte, tenía sus raíces en el latín y las tradiciones del derecho romano. Estas diferencias lingüísticas y culturales contribuyeron a la creciente brecha entre las dos ramas del cristianismo. En Constantinopla, el Patriarca, el principal obispo de la Iglesia Oriental, ocupaba una posición de inmensa influencia, rivalizando con la del Papa en Roma. Sin embargo, si bien tanto Roma como Constantinopla eran poderosos centros del cristianismo, sus enfoques sobre el gobierno y la teología de la iglesia eran cada vez más divergentes.

Lengua, cultura y poder: cómo las tradiciones griega y latina dieron forma a la división

Con el paso de los siglos, la división entre Oriente y Occidente se profundizó, alimentada por el idioma, la cultura y el poder político. En los primeros días del cristianismo, el griego había sido el idioma dominante de la Iglesia. El Nuevo Testamento mismo fue escrito en griego, y muchos de los primeros Padres de la Iglesia, incluidos Orígenes, Atanasio y Juan Crisóstomo, escribieron en griego. Sin embargo, a medida que los cristianos occidentales de habla latina comenzaron a afirmar sus propias tradiciones teológicas, el predominio del griego comenzó a desvanecerse en Occidente.

En la Iglesia occidental, el latín se convirtió en la lengua de la teología y la liturgia. San Agustín, uno de los teólogos más influyentes del cristianismo occidental, escribió en latín, al igual que figuras posteriores como Tomás de Aquino. Por el contrario, la Iglesia oriental siguió utilizando el griego, no sólo como lengua teológica sino también como medio a través del cual se expresaba gran parte de la cultura bizantina. Con el tiempo, esta división lingüística se convirtió en algo más que una cuestión práctica; simbolizaba la creciente distancia cultural entre Oriente y Occidente.

El uso de diferentes idiomas contribuyó a malentendidos y malas interpretaciones, no sólo en los debates teológicos sino en la comunicación cotidiana entre las iglesias. Los documentos y cartas intercambiados entre Roma y Constantinopla a menudo se perdían en la traducción, y los conceptos teológicos que eran claros en un idioma a veces se malinterpretaban en el otro. Esta brecha lingüística se vio agravada por las diferencias culturales. El Oriente griego tenía una larga tradición de investigación filosófica, influenciada por Platón y

Aristóteles, mientras que el Occidente latino estaba más preocupado por la aplicación práctica de la doctrina cristiana, particularmente en cuestiones de derecho y gobierno.

El poder también jugó un papel importante en la configuración de la división. En Occidente, la caída del Imperio Romano en el año 476 d.C. dejó un vacío de poder que la Iglesia en Roma llenó rápidamente. El Papa se convirtió no sólo en un líder espiritual sino también político, ejerciendo autoridad sobre reyes y emperadores. En Oriente, sin embargo, el emperador bizantino era el gobernante supremo y el patriarca de Constantinopla era visto como subordinado a la autoridad imperial. Esta diferencia en la relación entre Iglesia y Estado tendría profundas consecuencias para el desarrollo del cristianismo en ambas regiones.

A medida que el Imperio Bizantino crecía en poder y prestigio, la tensión entre Oriente y Occidente se intensificó. Los emperadores de Constantinopla se veían a sí mismos como los verdaderos herederos del Imperio Romano, mientras que los Papas de Roma reclamaban autoridad espiritual sobre todo el mundo cristiano. Esta rivalidad se vio exacerbada por el ascenso del Sacro Imperio Romano Germánico en Occidente, que buscaba desafiar el dominio bizantino. La coronación de Carlomagno como emperador de los romanos por el

Papa León III en el año 800 d. C. fue una afrenta directa a la autoridad bizantina y señaló la división cada vez más profunda entre los dos mundos cristianos.

El papel de los emperadores y los papas: el tira y afloja por la autoridad

El tira y afloja entre Papas y Emperadores se convirtió en una de las características definitorias de la relación entre Oriente y Occidente. En el Imperio Bizantino, el emperador no sólo era un líder político sino también religioso. Este concepto de cesaropapismo (la idea de que el emperador tenía autoridad tanto secular como espiritual) estaba profundamente arraigado en la cultura bizantina. El emperador era visto como el representante de Dios en la Tierra, encargado de defender la fe y supervisar la Iglesia. El Patriarca de Constantinopla, si bien era una figura importante, en última instancia estaba sujeto a la autoridad del emperador.

En contraste, los Papas de Roma se veían a sí mismos como los líderes espirituales de todos los cristianos, incluidos los de Oriente. Con el tiempo, los Papas comenzaron a afirmar su independencia de los gobernantes seculares, particularmente a medida que la situación política en Occidente se volvió más inestable. En el siglo IX, el Papa se había establecido como la autoridad principal en cuestiones de fe y gobierno, chocando a menudo con reyes y emperadores que buscaban controlar la Iglesia.

Esta lucha por la autoridad no fue sólo política: también fue profundamente teológica. La controversia sobre el Filioque, que se centró en una adición aparentemente menor al Credo de Nicea, se convirtió en un punto álgido de la creciente división. En la Iglesia occidental, se añadió al credo la frase "y el Hijo" (Filioque), indicando que el Espíritu Santo procedía tanto del Padre como del Hijo. La Iglesia Oriental rechazó esta adición, argumentando que Occidente la había hecho unilateralmente sin el consentimiento de un concilio ecuménico. Esta disputa teológica, aunque aparentemente pequeña, simbolizaba la cuestión más amplia de la autoridad: ¿quién tenía derecho a definir la doctrina cristiana y hablar en nombre de toda la Iglesia? ¿Fue el Papa, como líder autoproclamado de la cristiandad, o fue la autoridad colectiva de los patriarcas de la Iglesia, actuando concertadamente como se había hecho en los grandes concilios ecuménicos de los primeros siglos?

La cuestión de Filioque era mucho más que una simple cuestión de precisión teológica; se trataba de si la Iglesia occidental podía tomar decisiones unilaterales sobre la fe cristiana sin consultar a la Iglesia oriental. Para los ortodoxos orientales, esto fue una traición al espíritu de la Iglesia primitiva, que había funcionado mediante el consenso y la toma de decisiones colectiva. Para la Iglesia Católica Romana, sin embargo, la autoridad del Papa como sucesor espiritual de San Pedro le dio el derecho de definir la doctrina para la Iglesia universal.

Este desacuerdo sobre el Filioque personificó la creciente brecha entre Oriente y Occidente, a medida que las disputas teológicas se entrelazaron con las luchas de poder político. La Iglesia occidental, bajo el Papa, se veía a sí misma como un cuerpo central y unificado de la cristiandad, mientras que la Iglesia oriental, centrada en la gobernanza sinodal, defendía la idea de un liderazgo colectivo. Estas opiniones fundamentalmente diferentes sobre cómo debería gobernarse la Iglesia estaban separando cada vez más a las dos mitades de la cristiandad.

Cuando se produjeron las excomuniones mutuas de 1054, la división no se trataba sólo de teología o liturgia, sino de identidad. Ambos bandos se veían a sí mismos como los verdaderos herederos de la tradición apostólica y ambos creían que habían preservado la esencia de la fe cristiana. El Gran Cisma fue la culminación de siglos de crecientes diferencias y, una vez que se produjo la ruptura, resultó casi imposible de sanar. Los acontecimientos de 1054 no fueron el comienzo de la división sino más bien el paso final e irreversible de un largo proceso de separación.

A partir de ese momento, la ortodoxia oriental y el catolicismo romano caminarían por caminos separados, cada uno desarrollando sus propias perspectivas teológicas, tradiciones litúrgicas y estructuras de gobierno. El mundo nunca volvería a ver una cristiandad unida bajo una sola Iglesia. La historia de cómo crecieron estas diferencias y por qué el cisma se volvió permanente no es sólo la historia de dos iglesias, sino la de dos mundos que se habían distanciado a lo largo de siglos de cambios, conflictos y ambiciones.

En los siglos siguientes, la división entre Oriente y Occidente se convertiría en un rasgo definitorio de la historia cristiana, influyendo en todo, desde las Cruzadas hasta el Renacimiento, desde la Reforma hasta los esfuerzos modernos hacia el diálogo ecuménico. Comprender el Gran Cisma es clave para comprender el desarrollo del pensamiento cristiano, la configuración de los paisajes políticos europeos y bizantinos y las perdurables complejidades de la fe que aún resuenan hoy.

Capítulo 2

EL ASCENSO DEL PAPADO

En los primeros siglos del cristianismo tuvo lugar una profunda transformación que moldearía el panorama religioso y político de Europa durante los siglos siguientes: el surgimiento del papado. No fue un cambio repentino sino más bien un proceso gradual, a menudo controvertido, en el que el obispo de Roma, más tarde conocido como el Papa, comenzó a ejercer más influencia. La historia de este ascenso está entretejida con luchas de poder, debates teológicos y la compleja relación entre la Iglesia y el Estado. Imaginemos una época en la que el mundo estaba fragmentado, los reinos surgían y caían, y en medio de esta turbulencia, el papado emergía como una fuerza estabilizadora, reclamando tanto autoridad espiritual como poder temporal. Este capítulo nos lleva en un viaje a través de los momentos y decisiones que elevaron al papado de un obispado local a un poder centralizado, influyendo en los reyes, dando forma a las doctrinas y, en última instancia, convirtiéndose en una piedra angular de la civilización occidental.

El papel del Papa en el cristianismo occidental

Para comprender la creciente división entre el cristianismo oriental y occidental, es esencial explorar el surgimiento del papado y su papel cambiante en la cristiandad occidental. En los primeros siglos de la Iglesia, el obispo de Roma era visto como uno entre varios obispos o patriarcas clave que tenían autoridad sobre sus regiones. Estos patriarcas (Roma, Constantinopla, Alejandría, Antioquía y Jerusalén) estaban unidos en su misión de difundir el Evangelio y mantener la pureza doctrinal. Sin embargo, a medida que pasaron los siglos, el Papa (como llegó a ser conocido el obispo de Roma) comenzó a reclamar mayor autoridad, no sólo sobre Occidente sino sobre todo el mundo cristiano.

En los primeros días del cristianismo, Roma ocupaba un lugar especial en la mente de los creyentes. Al fin y al cabo, era la ciudad donde fueron martirizados tanto San Pedro como San Pablo, y se creía que Pedro había sido el primer obispo de la Iglesia en Roma. Esto le dio a la ciudad un significado espiritual único. Si bien Constantinopla eventualmente se convertiría en el corazón político y cultural del Imperio Romano de Oriente, Roma siguió siendo el centro de la Iglesia en Occidente. Sin embargo, durante siglos el papel del Papa fue en gran medida simbólico y el poder real permaneció dividido entre los patriarcas.

El punto de inflexión se produjo en el siglo V, una época de tremenda agitación. El Imperio Romano Occidental estaba colapsando bajo la presión de las invasiones bárbaras y la autoridad política en Roma se desmoronaba. A medida que el poder secular se desvanecía, la autoridad del Papa en asuntos espirituales aumentó, llenando el vacío dejado por la decadencia del imperio. Esto comenzó con el Papa León I, conocido como León el Grande (que reinó entre 440 y 461), cuyas acciones decisivas durante las invasiones bárbaras le valieron respeto y legitimidad. Cuando el temible Atila el Huno amenazó a Roma en 452, fue León quien se reunió con él y, mediante la diplomacia y la fuerza de su presencia espiritual, lo convenció de que perdonara la ciudad. Aunque las verdaderas razones detrás de la retirada de Atila siguen siendo tema de debate, las acciones de León marcaron un momento significativo en la historia del papado.

Cuando el Imperio Romano Occidental cayó oficialmente en 476 d.C., el Papa ya era una figura central en la Iglesia occidental, no sólo como líder espiritual sino también político. Sin ningún emperador en Occidente que desafiara su autoridad, el poder del Papa creció, tanto en Roma como más allá. La Iglesia se convirtió en la principal institución que ofreció estabilidad y continuidad en el caos que siguió al colapso del imperio. A medida que las tribus germánicas establecieron reinos en los antiguos territorios romanos occidentales, buscaron orientación en el Papa tanto en asuntos religiosos como políticos.

El concepto de supremacía papal (la idea de que el Papa era la máxima autoridad sobre toda la cristiandad) comenzó a arraigarse durante este período. Este fue un cambio dramático con respecto a la tradición cristiana primitiva de autoridad compartida entre los patriarcas, y sentó las bases para futuros conflictos con la Iglesia Oriental. En Oriente, donde el Imperio Bizantino se mantuvo fuerte, la idea de que un hombre tuviera la autoridad suprema sobre la Iglesia se consideraba peligrosa y contraria a la tradición cristiana. Pero en Occidente, donde la fragmentación política hacía deseable una figura central fuerte, el poder del Papa siguió creciendo.

La evolución del poder papal

A medida que avanzaba la Edad Media, el papel del papado siguió evolucionando. Uno de los momentos más importantes en el desarrollo del poder papal se produjo en el año 800 d. C., cuando el Papa León III coronó a Carlomagno, el rey de los francos, como emperador de los romanos. Este evento fue más que una simple coronación; Señaló la autoridad del Papa para otorgar legitimidad a los gobernantes seculares. Con el colapso del Imperio Romano Occidental, la idea de un emperador romano se había desvanecido en Occidente, pero al coronar a Carlomagno, el Papa estaba reviviendo este antiguo título y colocándose a sí mismo en el centro de su renovación.

Para Carlomagno, este momento fue la culminación de su ambición de unir a Europa Occidental bajo su gobierno, mientras que para el Papa León, fue una declaración clara de que el Papa tenía el poder de elevar a los reyes al estatus de emperador. Esta nueva relación entre el Papa y los gobernantes seculares se convirtió en una característica definitoria del cristianismo occidental. El papado comenzó a afirmar que tenía autoridad no sólo en cuestiones de fe sino también en cuestiones de realeza y gobierno. Esto conduciría a una relación larga y compleja entre la Iglesia y los monarcas europeos, marcada tanto por la cooperación como por el conflicto.

El ascenso del monaquismo también jugó un papel clave en la expansión del poder papal. A partir del siglo VI, los monasterios se convirtieron en centros de aprendizaje, renovación espiritual e influencia política. Los monjes benedictinos, que seguían las enseñanzas de San Benito, se extendieron por Europa, creando redes de comunidades monásticas leales al Papa. Estos monasterios se convirtieron no sólo en centros espirituales sino también en centros de poder económico y político. Gracias a su influencia, el alcance del Papa se extendió mucho más allá de Roma.

Quizás ningún Papa encarnó mejor el creciente poder del papado que el Papa Gregorio I, conocido como Gregorio el Grande (que reinó entre 590 y 604). Gregorio llegó al poder en un momento en que Italia estaba asolada por guerras, hambrunas y enfermedades. El Imperio

Bizantino, aunque técnicamente todavía controlaba Italia, era demasiado débil y distante para gobernar con eficacia. Gregorio se encargó de actuar como líder tanto espiritual como temporal, organizando esfuerzos de ayuda, negociando con los invasores lombardos y afirmando la autoridad del Papa sobre comunidades cristianas distantes en España, la Galia y Gran Bretaña.

Las acciones de Gregorio durante su papado sentaron precedentes importantes para el papel de los futuros papas. Sus escritos, en particular su tratado sobre pastoral, se convirtieron en textos fundacionales de la Iglesia medieval. Bajo Gregorio, la influencia del Papa creció no sólo en asuntos religiosos sino también en el gobierno cotidiano, preparando el escenario para futuros conflictos con gobernantes seculares y la Iglesia Oriental.

A medida que avanzaba la Edad Media, el poder del papado continuó expandiéndose, lo que a menudo lo puso en conflicto con gobernantes seculares que buscaban limitar su influencia. El Papa Gregorio VII, en el siglo XI, afirmaría más tarde la supremacía de la Iglesia sobre todos los gobernantes seculares, lo que desató una serie de conflictos conocidos como la Controversia de las Investiduras. Estas luchas entre papas y reyes sobre el derecho a nombrar obispos resaltaron aún más la posición única del papado en

Occidente, donde el Papa ejercía poder tanto espiritual como temporal en formas que la Iglesia Oriental no podía aceptar.

La influencia del Papa en la política y la religión

En el siglo XI, el Papa ya no era sólo el obispo de Roma; Fue una de las figuras más poderosas de Europa, con una influencia que se extendió a través de reinos e imperios. El Papado había llegado a desempeñar un papel central tanto en la vida política como religiosa de Occidente, y este doble papel a menudo colocaba al Papa en el centro de los conflictos que darían forma al futuro de Europa.

Uno de los ejemplos más significativos del poder político del Papa se produjo con la Primera Cruzada en 1095, convocada por el Papa Urbano II. El llamado de Urbano a una guerra santa para recuperar Tierra Santa del control musulmán no fue sólo un acto religioso sino también político. Las Cruzadas, tal como se desarrollaron a lo largo de los siglos siguientes, demostraron la capacidad del Papa para movilizar a los gobernantes y guerreros de Europa por una causa común, utilizando el lenguaje de la fe para justificar las campañas militares. Las Cruzadas también solidificaron la posición del Papa como figura unificadora en el fracturado panorama político de la Europa medieval.

Sin embargo, las Cruzadas también pusieron de relieve la tensión entre Oriente y Occidente. Si bien el objetivo declarado de las Cruzadas era proteger a los peregrinos cristianos y recuperar los lugares sagrados cristianos del dominio musulmán, el comportamiento de los cruzados hacia sus hermanos cristianos orientales a menudo socavó esta misión. El ejemplo más infame se produjo durante la Cuarta Cruzada en 1204, cuando los cruzados occidentales saquearon Constantinopla, una ciudad cristiana, saqueando sus tesoros y dejando una cicatriz duradera en las relaciones entre las Iglesias oriental y occidental. Esta traición profundizó aún más la brecha entre las dos ramas del cristianismo.

La influencia del Papa en asuntos religiosos fue igualmente profunda. En Occidente, el Papa tenía la autoridad de convocar concilios ecuménicos, que determinaban cuestiones de doctrina y práctica para toda la Iglesia. Las decisiones tomadas en estos concilios eran vinculantes para todos los cristianos occidentales, lo que consolidó aún más el papel del Papa como máxima autoridad en asuntos religiosos. Uno de esos concilios, el Cuarto Concilio de Letrán de 1215, estableció doctrinas importantes, como la transustanciación de la Eucaristía, y sentó las bases para futuros desarrollos teológicos en el cristianismo occidental.

Por el contrario, la Iglesia Ortodoxa Oriental tenía una estructura más descentralizada. Si bien el Patriarca de Constantinopla era el obispo más importante de Oriente, no reclamaba el mismo tipo de supremacía que el Papa reclamaba en Occidente. En cambio, la Iglesia Oriental operaba a través de un sistema de concilios y sínodos, donde los obispos tomaban colectivamente decisiones importantes. Esta diferencia en el gobierno se convirtió en uno de los puntos clave de tensión entre las dos Iglesias.

La creciente influencia del papado también provocó cambios significativos en la forma en que se practicaba el cristianismo en Occidente. El sistema sacramental, que tenía sus raíces en las prácticas cristianas primitivas, se formalizó durante la Edad Media. Los siete sacramentos: el bautismo, la confirmación, la eucaristía, la penitencia, la unción de los enfermos, el orden sagrado y el matr.

El dinero se volvió central para la vida religiosa de los cristianos occidentales, y el Papa tenía la autoridad para regular su práctica. Esto dio al papado un tremendo poder sobre la vida espiritual de los cristianos comunes y corrientes, fortaleciendo aún más su posición en la Iglesia occidental.

La respuesta de Oriente a las afirmaciones papales

Mientras el poder del Papa crecía en Occidente, la Iglesia Oriental veía estos acontecimientos con creciente preocupación. Los emperadores bizantinos y el patriarca de Constantinopla siempre habían sostenido que la Iglesia debería ser gobernada colectivamente por los patriarcas, sin que ninguna figura tuviera la máxima autoridad. En Oriente, el Papa era visto como el primero entre iguales, no como un gobernante supremo. La Iglesia Oriental creía que las decisiones sobre la doctrina y la práctica deberían tomarse a través de concilios ecuménicos, con el aporte de obispos de todo el mundo cristiano.

A medida que las pretensiones de supremacía del Papa se hicieron más asertivas, la Iglesia Oriental comenzó a contraatacar. La controversia sobre Filioque, que ya había provocado un debate teológico, se convirtió en un símbolo de la cuestión más amplia de la autoridad papal. La Iglesia Oriental rechazó la idea de que el Papa pudiera cambiar unilateralmente el Credo de Nicea sin consultar a los demás patriarcas. Para Oriente, esto no era sólo una cuestión de doctrina sino una cuestión de quién tenía derecho a hablar en nombre de la Iglesia.

La creciente brecha entre Oriente y Occidente se vio exacerbada por los acontecimientos políticos. El Imperio Bizantino, aunque debilitado por siglos de guerras y luchas internas, todavía se consideraba la continuación legítima del Imperio Romano. Los emperadores de Constantinopla creían que tenían un papel especial en la protección y guía de la Iglesia cristiana, y veían con sospecha la creciente participación del Papa en asuntos políticos. La coronación de Carlomagno como emperador del Sacro Imperio Romano Germánico en el año 800 d.C. fue vista como un desafío directo a la autoridad bizantina y tensó aún más las relaciones entre Oriente y Occidente.

A lo largo de los siglos IX y X, las tensiones entre Roma y Constantinopla continuaron aumentando. Las disputas sobre jurisdicción, prácticas litúrgicas y diferencias teológicas se hicieron más frecuentes y los esfuerzos de reconciliación a menudo duraron poco. En la época del Gran Cisma de 1054, la división entre Oriente y Occidente se había profundizado hasta el punto de que la excomunión mutua parecía inevitable.

El rechazo de Oriente a la supremacía papal no fue sólo una postura teológica: fue también una defensa de la tradición conciliar que había definido a la Iglesia primitiva. La Iglesia Ortodoxa Oriental creía que la unidad de la Iglesia sólo podía preservarse mediante la toma de decisiones compartida, no mediante el gobierno de un solo individuo. Esta diferencia en el gobierno, combinada con diferencias teológicas y culturales, conduciría en última instancia a la división permanente entre las dos ramas del cristianismo.

Capítulo 3

TENSIONES TEOLÓGICAS: DIFERENCIAS DOCTRINALES

En los primeros siglos del cristianismo, a medida que la fe se extendía por vastos territorios, las diferencias culturales, políticas y geográficas comenzaron a arraigarse. Cuando llegamos a los acontecimientos cruciales de 1054, estas diferencias se habían convertido en profundas tensiones teológicas que dividieron las ramas oriental y occidental de la Iglesia. En este capítulo profundizamos en el corazón de estas disputas doctrinales. Imagine a dos amigos muy unidos que crecen en mundos diferentes: uno moldeado por el majestuoso Imperio Bizantino y el otro por el creciente poder de Roma. Sus creencias compartidas, que alguna vez fueron la base de su unidad, comienzan a cambiar a medida que cambia el mundo que los rodea, cada uno influenciado por diferentes tradiciones e interpretaciones de su fe. Desde debates sobre la naturaleza del Espíritu Santo hasta el papel del Papa, estas diferencias no sólo provocaron debates intelectuales: dieron forma al futuro del cristianismo. Es una historia de convicción, orgullo y, en última instancia, división, que prepara el escenario para una de las divisiones más significativas en la historia religiosa.

La naturaleza de la Trinidad: la controversia del Filioque

En el centro de la creciente tensión entre Oriente y Occidente en los siglos previos al Gran Cisma de 1054 había una cuestión profundamente teológica: la controversia sobre Filioque. Para un extraño, el desacuerdo podría haber parecido un punto doctrinal menor, pero para los líderes tanto de la Iglesia Ortodoxa Oriental como de la Católica Romana, fue una profunda división teológica con implicaciones de largo alcance. La disputa se centró en una sola frase añadida al Credo de Nicea por la Iglesia occidental: "Filioque", que significa "y el Hijo".

El Credo de Nicea, formulado en el Primer Concilio de Nicea en el año 325 d.C., fue una declaración esencial de la fe cristiana. Afirmó la Trinidad: la creencia de que Dios existe como tres personas: el Padre, el Hijo y el Espíritu Santo. La versión original del credo, acordada por los obispos orientales y occidentales, afirmaba que el Espíritu Santo procede del Padre. Esta frase tenía como objetivo preservar la unidad de la Deidad, enfatizando que el Padre es la fuente última de las personas divinas.

Sin embargo, en el siglo VI, la Iglesia occidental comenzó a agregar la frase "y el Hijo" a la descripción de la procesión del Espíritu Santo, de modo que el credo ahora dice que el Espíritu Santo procede del Padre y del Hijo. Esta adición, conocida como Filioque, no se introdujo mediante un concilio ecuménico ni con el consentimiento de los obispos orientales. En cambio, fue añadido por la Iglesia occidental como respuesta a los debates teológicos con el arrianismo, una herejía que negaba la plena divinidad de Cristo. Al afirmar que el Espíritu Santo procede tanto del Padre como del Hijo, la Iglesia occidental buscó afirmar la coigualdad del Hijo con el Padre.

Para la Iglesia Oriental este cambio era inaceptable. No sólo representó una alteración unilateral del credo, sino que también planteó importantes preocupaciones teológicas. Los teólogos ortodoxos orientales argumentaron que el Filioque distorsionó la relación entre las personas de la Trinidad, subordinando el Espíritu Santo al Padre y al Hijo, y socavando así la unidad e igualdad de la Divinidad. Es más, la Iglesia Oriental creía que nadie –especialmente el Papa o los obispos occidentales– tenía la autoridad para alterar un credo que había sido establecido por un concilio ecuménico.

El debate teológico sobre el Filioque estuvo profundamente entrelazado con la cuestión de la autoridad en la Iglesia. El Papa y los obispos occidentales vieron el Filioque como una defensa necesaria de la doctrina ortodoxa, mientras que los patriarcas orientales lo vieron como una extralimitación de la autoridad papal y una violación del antiguo principio de que sólo un concilio ecuménico podía modificar una declaración de fe tan fundamental. Este desacuerdo tanto sobre la teología como sobre el gobierno eclesiástico alimentaría la creciente división entre Oriente y Occidente, contribuyendo al eventual cisma.

Controversias iconoclastas: cómo las imágenes de Cristo dividieron Oriente y Occidente

Otra fuente importante de tensión teológica entre las Iglesias oriental y occidental fue la controversia iconoclasta, una disputa sobre el uso de imágenes o iconos religiosos en el culto cristiano. La Iglesia Ortodoxa Oriental había utilizado durante mucho tiempo iconos como forma de representar a Cristo, la Virgen María y los santos. Estas imágenes no eran vistas simplemente como decorativas sino como un medio para acercar lo divino al creyente. Se creía que los iconos proporcionaban una ventana al cielo y ofrecían una conexión tangible con el mundo espiritual.

Sin embargo, en los siglos VIII y IX, surgió dentro del Imperio Bizantino un movimiento conocido como iconoclasia (literalmente, "romper imágenes"), que desafió el uso de imágenes religiosas. Los iconoclastas argumentaron que la veneración de iconos equivalía a idolatría, una violación del Segundo Mandamiento, que prohíbe el culto a imágenes talladas. Creían que el uso de iconos distraía de la adoración verdadera y que sólo debía venerarse a Cristo, que es la "imagen del Dios invisible" (como se afirma en Colosenses 1:15).

Los emperadores bizantinos, en particular León III (que reinó entre 717 y 741) y su hijo Constantino V (que reinó entre 741 y 775), apoyaron el movimiento iconoclasta, prohibieron el uso de iconos y ordenaron su destrucción. Esto provocó una feroz resistencia por parte de muchos dentro de la Iglesia oriental, especialmente de los monjes, que veían la veneración de los iconos como parte integral del culto cristiano. La controversia se prolongó durante más de un siglo, con períodos de iconoclasia seguidos de períodos de restauración de los iconos, dependiendo del emperador en el poder.

La Iglesia occidental, sin embargo, no compartía las preocupaciones de la Iglesia oriental sobre el uso de imágenes. En Roma, la veneración de imágenes religiosas era ampliamente aceptada y el Papa apoyó el uso de iconos como forma de enseñar la fe a la población mayoritariamente analfabeta. Para la Iglesia occidental, los iconos no eran objetos de adoración sino ayudas a la devoción: representaciones físicas que ayudaban a los fieles a contemplar los misterios divinos.

La controversia iconoclasta profundizó la división entre Oriente y Occidente. El Segundo Concilio de Nicea en 787 d.C., que fue convocado para resolver la disputa, finalmente afirmó el uso de íconos en el culto cristiano. La decisión del concilio fue aceptada por la Iglesia occidental, pero enfrentó una resistencia constante en partes del Imperio Bizantino. Aunque la iconoclasia finalmente fue derrotada en Oriente, la controversia dejó un impacto duradero en la relación entre las Iglesias oriental y occidental. Las luchas internas de Oriente sobre la cuestión de las imágenes, combinadas con el firme apoyo de Occidente a los iconos, contribuyeron a la creciente sensación de que las dos ramas del cristianismo se movían en direcciones teológicas y culturales diferentes.

Pan con levadura versus pan sin levadura: un símbolo de división

Si bien el Filioque y la iconoclasia eran cuestiones teológicamente importantes, también hubo disputas aparentemente más mundanas que contribuyeron a ampliar el abismo entre Oriente y Occidente. Uno de ellos fue el desacuerdo sobre el tipo de pan utilizado en la Eucaristía, el sacramento central de la fe cristiana. En la Iglesia Ortodoxa Oriental, el pan con levadura (pan que contiene levadura y sube) se usaba durante la Eucaristía, mientras que la Iglesia Occidental usaba pan sin levadura (pan sin levadura, similar al pan usado durante la Pascua judía).

Esta diferencia en la práctica puede parecer insignificante, pero se convirtió en un símbolo de la brecha teológica y cultural más amplia entre las dos Iglesias. Para la Iglesia Oriental, el uso de pan con levadura era profundamente simbólico. Representaba la Resurrección de Cristo, con la subida del pan que significaba la nueva vida traída por la victoria de Cristo sobre la muerte. La Iglesia Oriental consideraba el uso de pan sin levadura en Occidente como un alejamiento de las antiguas tradiciones de la Iglesia primitiva.

La Iglesia occidental, por otro lado, utilizó el pan sin levadura como una forma de enfatizar la conexión entre la Última Cena, que era una comida de Pascua, y el sacrificio de Cristo. Así como la Pascua judía se celebraba con pan sin levadura para simbolizar la prisa con la que los israelitas huyeron de Egipto, la Iglesia occidental también veía el pan sin levadura como un símbolo de la ofrenda sacrificial de Cristo. El uso de pan sin levadura se había convertido en la práctica estándar en Occidente en el siglo IX, y el Papa y los teólogos occidentales lo defendieron como teológicamente apropiado.

Lo que podría haber seguido siendo una diferencia menor en la práctica litúrgica se convirtió en un importante punto de discordia en el siglo XI. A medida que la relación entre el Papa y el Patriarca de Constantinopla se deterioraba, la cuestión del pan con levadura versus el pan sin levadura se aprovechó como símbolo de una división más amplia. La Iglesia occidental acusó a la Iglesia oriental de desviarse de la verdadera fe, mientras que la Iglesia oriental consideró la práctica occidental como una innovación inaceptable. Esta cuestión aparentemente pequeña se volvió emblemática de las diferencias culturales y teológicas más amplias que estaban separando a las dos Iglesias.

La disputa por el credo de Nicea: un credo compartido fracturado por la interpretación

En el centro del Gran Cisma estuvo la disputa sobre el Credo de Nicea, una declaración de fe que se había establecido en el Primer Concilio de Nicea en el año 325 d.C. y ampliado en el Concilio de Constantinopla en el 381 d.C. El Credo de Nicea tenía como objetivo servir como una declaración unificadora de la creencia cristiana, articulando las doctrinas centrales de la fe, particularmente la doctrina de la Trinidad.

Durante siglos, el Credo de Nicea fue recitado tanto por cristianos orientales como occidentales, una expresión compartida de su fe común. Sin embargo, como hemos visto, la adición del Filioque en Occidente creó una brecha teológica y litúrgica significativa. La Iglesia Ortodoxa Oriental consideró la alteración occidental del credo como una violación de los antiguos concilios ecuménicos, que habían establecido el texto original. La Iglesia Oriental sostuvo que no se podían realizar cambios en el credo sin el consentimiento de toda la comunidad cristiana a través de un concilio ecuménico.

La Iglesia occidental, sin embargo, defendió el Filioque como una clarificación necesaria frente a los desafíos heréticos, particularmente el arrianismo, que cuestionaba la divinidad de Cristo. El Filioque fue visto como una forma de afirmar la coigualdad del Hijo con el Padre, reforzando la doctrina de la Trinidad. Occidente creía que el Papa, como cabeza de la Iglesia, tenía la autoridad para realizar cambios en el credo para salvaguardar la fe.

Esta disputa sobre el Credo de Nicea no fue sólo una cuestión de teología; era una cuestión de autoridad eclesiástica. La Iglesia Oriental creía que las decisiones de los primeros concilios eran vinculantes para todos los cristianos y no podían ser cambiadas por ningún obispo o grupo de obispos. Para Oriente, el credo era un símbolo de la unidad de la Iglesia, y cualquier alteración del mismo amenazaba esa unidad. La Iglesia occidental, por otra parte, veía al Papa como el máximo guardián de la ortodoxia, con autoridad para tomar decisiones doctrinales en nombre de toda la Iglesia.

A medida que las dos partes se afianzaban cada vez más en sus posiciones, la disputa sobre el Filioque y el Credo de Nicea se convirtió en un símbolo de las divisiones teológicas, culturales y políticas más amplias que estaban desgarrando al mundo cristiano. El credo compartido, que alguna vez había sido un símbolo de unidad, ahora se convirtió en una fuente de división, reflejando el distanciamiento cada vez más profundo entre Oriente y Occidente.

Capítulo 4

DIVISIONES CULTURALES Y LINGÜÍSTICAS

Imaginemos a dos hermanos, criados en el mismo hogar, hablando el mismo idioma y compartiendo los mismos valores, que de repente se encuentran en lados opuestos de una profunda división. Lo que comenzó como desacuerdos menores poco a poco se convirtió en diferencias irreconciliables, no sólo en la forma en que se comunicaban sino en la forma en que entendían el mundo que los rodeaba. Esto es lo que sucedió durante el Gran Cisma de 1054, donde la Iglesia cristiana, una vez unida, se dividió en las ramas ortodoxa oriental y católica romana. El capítulo 4 profundiza en las divisiones culturales y lingüísticas que alimentaron esta separación, destacando cómo el idioma, la tradición y la identidad moldearon a las dos facciones en entidades distintas. Estas diferencias no sólo definieron su fe sino que también crearon un legado duradero de separación del que todavía somos testigos hoy.

La barrera del idioma: cómo el griego y el latín dividen a la Iglesia

Mucho antes del Gran Cisma formal de 1054, una de las divisiones más importantes entre las Iglesias oriental y occidental era la barrera del idioma. La Iglesia cristiana primitiva había hablado originalmente un idioma común: el griego. El Nuevo Testamento fue escrito en griego y los primeros Padres de la Iglesia también hablaron y escribieron en griego. Pero a medida que el cristianismo se extendió por el vasto Imperio Romano, las diferencias entre Oriente y Occidente comenzaron a manifestarse de muchas maneras, y el idioma fue una de las primeras y más duraderas divisiones.

En el Imperio Bizantino Oriental, el griego era el idioma dominante, no sólo en asuntos eclesiásticos sino también en filosofía, derecho y gobierno. Mientras tanto, en el Imperio Romano Occidental, el latín se había convertido en el idioma principal, influyendo en la teología, la cultura y la educación. Si bien tanto el griego como el latín eran lenguas académicas, su creciente separación reflejaba la creciente división cultural e intelectual entre Oriente y Occidente.

La barrera del idioma no sólo complicó la comunicación: profundizó las divisiones teológicas y litúrgicas que eventualmente contribuirían al cisma. Traducir conceptos teológicos del griego al latín no fue un proceso sencillo. Muchos términos en griego no tenían un equivalente latino directo y, a medida que el cristianismo evolucionó, estas diferencias terminológicas crearon malentendidos y desconfianza. Incluso cuando las ideas teológicas eran similares, las diferentes formas en que se expresaban en griego y latín podían hacer que parecieran más divergentes de lo que realmente eran.

Esta división lingüística también significó que Oriente y Occidente desarrollaran sus propias tradiciones intelectuales y filosóficas. En Oriente, la filosofía griega, en particular las obras de Platón y Aristóteles, influyeron mucho en el pensamiento teológico. Teólogos de habla griega como Orígenes, Atanasio y Gregorio de Nisa exploraron ideas filosóficas complejas sobre la naturaleza de Dios, la Trinidad y lo divino. Sus escritos, aunque arraigados en el cristianismo, reflejaban la tradición intelectual griega que se había transmitido durante siglos.

En Occidente, sin embargo, la teología latina estuvo moldeada por una herencia intelectual diferente, de naturaleza más práctica y legalista. El derecho romano, con su énfasis en la estructura, el orden y la autoridad, influyó profundamente en el pensamiento teológico occidental. Los Padres de la Iglesia latina, como Tertuliano, Ambrosio, Agustín y Jerónimo, se centraron más en cuestiones del pecado, la gracia y el papel de la Iglesia en la sociedad. La tradición agustiniana, en particular, enfatizó la naturaleza caída de la humanidad y la necesidad de la gracia divina, dando forma al enfoque del cristianismo occidental hacia la salvación y el papel de la Iglesia.

Estas tradiciones intelectuales divergentes llevaron a diferencias teológicas que eran difíciles de conciliar, no sólo por la barrera del idioma sino también por las formas en que los teólogos griegos y latinos abordaron las cuestiones de la fe. En Oriente, la teología era vista como una búsqueda mística, un intento de comprender la naturaleza incognoscible de Dios a través de la contemplación y la oración. En Occidente, la teología estaba más preocupada por definir los límites de la ortodoxia, creando sistemas de creencias que pudieran codificarse y defenderse contra la herejía.

La imposibilidad de comunicarse eficazmente debido a la barrera del idioma también afectó la relación política entre el Papa en Roma y el Patriarca de Constantinopla. Las cartas y los documentos a menudo se traducían con dificultad, y en ocasiones se malinterpretaban o se traducían mal términos teológicos cruciales. Esta falta de comunicación clara generó sospechas en ambas partes. Los teólogos occidentales, que no estaban familiarizados con las sutilezas de la teología griega, a menudo veían la teología oriental como herética o, al menos, peligrosamente heterodoxa. En Oriente, los teólogos latinos eran vistos como rígidos y legalistas, más preocupados por la autoridad que por la profundidad espiritual de la fe.

Con el paso de los siglos, la barrera del idioma se convirtió en algo más que una simple cuestión de comunicación práctica: se convirtió en un símbolo de la división cultural y teológica más profunda entre Oriente y Occidente. Cada lado miraba al otro con creciente sospecha y la falta de un lenguaje común significaba que los malentendidos eran difíciles de resolver. En la época del Gran Cisma, la barrera del idioma se había convertido en una de las muchas razones por las que

Oriente y Occidente ya no podían verse a sí mismos como parte de la misma Iglesia.

Prácticas litúrgicas y su impacto

Otro factor importante que contribuyó a la división entre Oriente y Occidente fue la creciente diferencia en las prácticas litúrgicas. Si bien tanto la Iglesia Ortodoxa Oriental como la Católica Romana celebraron los mismos sacramentos, sus estilos de adoración, rituales y calendarios litúrgicos comenzaron a divergir a lo largo de los siglos, lo que llevó a una creciente sensación de que las dos ramas del cristianismo ya no estaban sincronizadas.

En la Iglesia Ortodoxa Oriental, la liturgia estuvo profundamente influenciada por la tradición bizantina, que ponía un fuerte énfasis en los aspectos místicos y trascendentes del culto. Las liturgias ortodoxas eran a menudo elaboradas y largas, llenas de incienso, cánticos y recitación de oraciones antiguas. La Divina Liturgia, el equivalente ortodoxo de la Misa, era un evento altamente ritualista, en el que la Eucaristía se celebraba como una unión mística entre el cielo y la tierra. Las iglesias ortodoxas estaban adornadas con iconos, que eran venerados como ventanas a lo divino, ayudando a los fieles a conectarse con el mundo espiritual.

Por el contrario, la Iglesia occidental desarrolló su propia tradición litúrgica, más estructurada y uniforme. El rito romano, que se convirtió en la liturgia estándar en Occidente, era más breve y más centrado en el sacrificio de Cristo. Si bien la Misa también fue vista como un evento místico en Occidente, se enmarcó más como una recreación de la Última Cena y la Pasión de Cristo, enfatizando la expiación por el pecado a través del sacrificio de Cristo en la cruz. La Iglesia occidental también puso mayor énfasis en el sermón como medio de enseñanza a los fieles, mientras que en la Iglesia oriental, la liturgia misma era vista como el modo principal de instrucción espiritual.

Una de las diferencias clave en la práctica litúrgica entre Oriente y Occidente fue el uso de íconos en la Iglesia Ortodoxa y el uso de estatuas en la Iglesia Católica Romana. En Oriente, los iconos eran imágenes planas y bidimensionales que se creía que representaban el mundo espiritual, trascendiendo el mundo físico en el que estaban pintados. Estas imágenes eran veneradas (aunque no adoradas) como sagradas, lo que ayudaba a los fieles a centrar sus oraciones en las figuras divinas que representaban. En Occidente, sin embargo, se hizo más común el uso de estatuas tridimensionales, particularmente en las catedrales góticas, donde los fieles podían contemplar la pasión de Cristo o los sufrimientos de los santos a través de estas representaciones visuales.

Otra diferencia significativa en la práctica litúrgica fue el calendario. La Iglesia Ortodoxa Oriental siguió el calendario juliano, mientras que la Iglesia occidental finalmente adoptó el calendario gregoriano después de 1582, lo que provocó diferencias en las fechas de las principales festividades religiosas, incluida la Pascua. Sin embargo, incluso antes de este cambio, las dos Iglesias observaban algunos días festivos y tiempos santos de manera diferente. Por ejemplo, la Iglesia Oriental tenía un período de Cuaresma más largo y riguroso, y su calendario litúrgico estaba lleno de fiestas dedicadas a santos bizantinos y eventos de la historia cristiana oriental que no eran ampliamente reconocidos en Occidente.

Estas diferencias litúrgicas no eran simplemente cuestiones de ritual; reflejaban las distinciones culturales y teológicas que se habían desarrollado entre las dos ramas del cristianismo. La Iglesia Ortodoxa Oriental, centrada en el misticismo, la contemplación y la naturaleza trascendente de Dios, desarrolló una liturgia que enfatizaba el carácter sobrenatural de la fe. En Occidente, donde la Iglesia se había vinculado más estrechamente a la estructura política del Sacro Imperio Romano Germánico, la liturgia se centró más en el orden, la autoridad y el sistema sacramental como medio para lograr la salvación.

A medida que estas diferencias litúrgicas se hicieron más pronunciadas, contribuyeron a la sensación de que las Iglesias oriental y occidental avanzaban en direcciones diferentes. En la época del Gran Cisma, muchos en Oriente veían la liturgia occidental como demasiado legalista y terrenal, mientras que muchos en Occidente veían la liturgia oriental como excesivamente mística y poco práctica. Estas percepciones profundizaron la división entre las dos Iglesias, haciendo cada vez más difícil la reconciliación.

Oriente se encuentra con Occidente: un choque de filosofías

Una de las diferencias más profundas entre las Iglesias ortodoxa oriental y católica romana fue su enfoque de la filosofía y la teología. En Oriente, la teología estuvo fuertemente influenciada por la filosofía griega, particularmente las obras de Platón y Aristóteles. En Occidente, la teología estuvo moldeada por el derecho romano, la escolástica latina y las enseñanzas de San Agustín.

La Iglesia Ortodoxa Oriental enfatizó los aspectos místicos y apofáticos (o negativos) de la teología, lo que significa que Dios era, en última instancia, incognoscible y más allá de la comprensión humana. Los teólogos orientales a menudo se centraban en los misterios divinos y creían que la teología era principalmente una cuestión de

contemplación y oración más que análisis racional. Para la Iglesia Oriental, el objetivo de la teología era entrar en la presencia divina y experimentar la unión con Dios, un proceso conocido como theosis o deificación.

Este enfoque estaba profundamente arraigado en la tradición filosófica griega, particularmente en las enseñanzas de Platón, quien había enfatizado la trascendencia del mundo espiritual sobre el mundo material. Los Padres Orientales, como Gregorio de Nisa y Máximo el Confesor, se basaron en esta tradición para desarrollar una teología que enfatizaba la unión mística entre Dios y la humanidad. Para estos teólogos, la doctrina era importante, pero en última instancia era secundaria frente a la experiencia de la gracia de Dios y el poder transformador del Espíritu Santo.

Por el contrario, la Iglesia occidental desarrolló un enfoque teológico más racional y legalista, influenciado por el derecho romano y los escritos de San Agustín. Los teólogos occidentales estaban profundamente preocupados por las cuestiones del pecado, la redención y la gracia, y buscaron definir los límites de la ortodoxia mediante formulaciones precisas de la doctrina. Los escritos de Agustín sobre el pecado original, la predestinación y la naturaleza de la gracia se volvieron centrales para la teología occidental, dando forma a la forma en que la Iglesia Católica Romana entendía la relación entre Dios y la humanidad.

En Occidente, la teología se volvió más sistemática y escolástica, particularmente durante la Edad Media, cuando teólogos escolásticos como Tomás de Aquino buscaron armonizar la teología cristiana con la filosofía aristotélica. La obra de Tomás de Aquino, en particular su Summa Theologica, se convirtió en la base de la teología católica occidental, y su método de razonamiento y argumentación lógica se convirtió en el estándar para la investigación teológica en Occidente.

Este choque de tradiciones filosóficas (misticismo en Oriente y racionalismo en Occidente) profundizó aún más la división entre las dos Iglesias. Para los ortodoxos orientales, el énfasis occidental en la racionalidad y la precisión doctrinal parecía no entender el objetivo de la teología, que, en su opinión, se trataba de experimentar a Dios en lugar de comprenderlo. Para los católicos romanos, el énfasis oriental en el misticismo y la contemplación parecía poco práctico y carente de claridad doctrinal.

Estas diferencias filosóficas no eran sólo cuestiones de debate intelectual; moldearon la forma en que las dos Iglesias abordaron el culto, los sacramentos y el papel de la Iglesia en la sociedad. En Oriente, la Iglesia era vista como un cuerpo místico que conducía a los fieles a la presencia de Dios a través de la Divina Liturgia y los sacramentos. En Occidente, la Iglesia era vista más como una institución legal, responsable de enseñar, guiar y disciplinar a los fieles a través de los sacramentos, el derecho canónico y la autoridad papal.

En la época del Gran Cisma, estas diferencias filosóficas se habían arraigado profundamente en la forma en que las dos Iglesias entendían su fe y misión. Si bien tanto la Iglesia Ortodoxa Oriental como la Católica Romana compartían una herencia cristiana común, sus enfoques de la teología y la filosofía habían divergido tanto que ya no podían verse como parte de la misma comunidad espiritual.

Malentendidos culturales: cómo la vida cotidiana amplió la brecha

Más allá de las diferencias teológicas y litúrgicas, también hubo importantes diferencias culturales que contribuyeron a la creciente división entre Oriente y Occidente. Estas diferencias se extendieron a la vida cotidiana y afectaron todo, desde la alimentación y la vestimenta hasta las normas sociales y las estructuras políticas. A medida que las dos Iglesias desarrollaron sus propias culturas únicas, comenzaron a verse mutuamente como extrañas e incluso ajenas.

En el Imperio Bizantino, la vida estuvo profundamente influenciada por las antiguas tradiciones griegas y helenísticas. La sociedad bizantina estaba muy urbanizada y Constantinopla era un centro de comercio y aprendizaje. La cultura bizantina puso un fuerte énfasis en la educación, particularmente en los campos de la filosofía, la teología y la retórica. Los cristianos bizantinos se veían a sí mismos como herederos del Imperio Romano y su cultura reflejaba una mezcla de las tradiciones griegas clásicas con la teología cristiana.

En Occidente, sin embargo, el colapso del Imperio Romano Occidental había dado lugar a una sociedad más rural y feudal. Si bien la Iglesia Católica Romana jugó un papel central en la vida intelectual de Occidente, la educación estaba menos extendida y los monasterios se convirtieron en los principales centros de aprendizaje. El Occidente latino estaba más militarizado que el Oriente griego, y los señores y caballeros feudales desempeñaban un papel importante en la vida política y social de Europa occidental. Los cristianos occidentales se veían a sí mismos como parte de un reino cristiano, gobernado por reyes y emperadores que a menudo estaban estrechamente aliados con el Papa.

Estas diferencias culturales llevaron a malentendidos y estereotipos en ambas partes. Los bizantinos veían a los europeos occidentales como bárbaros e incultos, mientras que los europeos occidentales veían a los bizantinos como decadentes y demasiado preocupados por el lujo y los rituales. Estas percepciones fueron a menudo reforzadas por las Cruzadas, durante las cuales los caballeros occidentales entraron en contacto con la sociedad bizantina y la encontraron extraña y desconocida. El saqueo de Constantinopla por la Cuarta Cruzada en 1204 (en el que los cruzados occidentales saquearon la ciudad y profanaron sus iglesias) profundizó la animosidad entre Oriente y Occidente, dificultando aún más la reconciliación.

En la época del Gran Cisma, estos malentendidos culturales se habían arraigado profundamente. Las Iglesias ortodoxa oriental y católica romana no sólo adoraban de manera diferente y pensaban sobre la teología de manera diferente: vivían en mundos diferentes, con sus propias costumbres, valores y normas sociales. El sentimiento de alienación entre las dos Iglesias hizo cada vez más difícil para ellas verse como parte de la misma comunidad cristiana.

Capítulo 5

EL CAMINO HACIA 1054: LOS PRIMEROS SIGNOS DE DIVISIÓN

Cuando llegó el año 1054, la tensión entre las ramas oriental y occidental del cristianismo había estado latente durante siglos, como una tormenta que se estaba gestando desde hacía mucho tiempo y cobraba fuerza.

En los años previos a esta división histórica, la relación entre las iglesias católica romana y ortodoxa oriental se volvió cada vez más tensa, impulsada por diferencias culturales, políticas y teológicas. Fue un momento en el que los líderes de ambos lados tomaron decisiones (algunas deliberadas, otras aparentemente menores) que poco a poco ampliaron la brecha entre ellos. A medida que sigas el viaje a lo largo de este capítulo, descubrirás que el camino hacia el Gran Cisma no estuvo marcado por un solo evento sino por muchas pequeñas fracturas que eventualmente llevaron a una división inevitable. Desde disputas sobre el idioma y los rituales hasta la creciente influencia política del papado, cada pieza del rompecabezas cuenta la historia de cómo dos ramas de fe que alguna vez estuvieron unidas comenzaron a separarse mucho antes de ese fatídico año.

Los concilios que dividieron a la Iglesia

Mucho antes de los dramáticos acontecimientos de 1054, ya se estaban plantando las semillas de la división entre las Iglesias oriental y occidental. Uno de los primeros indicadores más importantes de la creciente división fue el papel de los concilios ecuménicos, reuniones de obispos de todo el mundo cristiano diseñadas para resolver disputas teológicas y establecer la doctrina de la iglesia. Estos concilios estaban destinados a unir a la Iglesia, pero a medida que se desarrollaron a lo largo de los siglos, a menudo revelaron las tensiones subyacentes que separaban a Oriente y Occidente.

Los primeros de estos concilios, como el Concilio de Nicea en el año 325 d. C. y el Concilio de Calcedonia en el año 451 d. C., fueron verdaderamente ecuménicos, lo que significa que los obispos de las iglesias orientales y occidentales asistieron y tuvieron voz y voto en las decisiones que se tomaron. El Credo de Nicea, establecido en Nicea, tenía como objetivo proporcionar una base común para la fe cristiana, especialmente en respuesta a la herejía arriana, que cuestionaba la divinidad de Cristo. En muchos sentidos, estos primeros concilios lograron crear una visión unificada de la teología cristiana, pero también revelaron las profundas diferencias culturales y teológicas que eventualmente desgarrarían a la Iglesia.

El Concilio de Calcedonia fue particularmente significativo. Celebrada para resolver disputas sobre la naturaleza de Cristo, Calcedonia afirmó que Cristo era a la vez completamente divino y completamente humano, una doctrina conocida como la unión hipostática. Si bien la Iglesia occidental aceptó esta decisión, encontró resistencia en partes de Oriente, especialmente entre los cristianos coptos y siríacos, que adherían a una comprensión diferente de la naturaleza de Cristo, conocida como miafisitismo. Este desacuerdo doctrinal condujo al primer gran cisma dentro de la Iglesia, cuando la Iglesia Copta en Egipto y la Iglesia Siriaca en Medio Oriente se separaron de lo que se convertiría en la Iglesia Ortodoxa Oriental.

Aunque este cisma no fue entre Roma y Constantinopla, fue una señal temprana de que las diferencias teológicas podrían conducir a divisiones duraderas dentro del cristianismo. Más importante aún, demostró que la Iglesia Oriental estaba lejos de ser monolítica: dentro del propio Imperio Bizantino, había muchas tradiciones e interpretaciones teológicas diferentes, todas compitiendo por el dominio. A medida que la Iglesia occidental se unificó más bajo la autoridad del Papa, la Iglesia oriental siguió siendo un complejo entramado de diferentes tradiciones teológicas y regionales, lo que a veces dificultaba que los patriarcas orientales presentaran un frente unido en sus relaciones con Occidente.

Estos primeros concilios también revelaron una tensión creciente sobre la cuestión de la autoridad. En el Concilio de Constantinopla en 381 d.C., el Patriarca de Constantinopla fue elevado a una posición de prominencia, sólo superada por el Obispo de Roma. Esta decisión, conocida como Canon 3 de Constantinopla, pretendía reflejar la realidad política de que

Constantinopla se había convertido en la capital del Imperio Romano. Pero encontró resistencia por parte de la Iglesia occidental, que vio esto como un desafío a la autoridad del Papa. Desde la perspectiva de Roma, el Papa no era sólo el primero entre iguales sino la máxima autoridad en cuestiones de doctrina y gobierno de la iglesia. La Iglesia Oriental, por otra parte, siguió defendiendo el principio de conciliaridad: la idea de que la Iglesia debería ser gobernada colectivamente por sus obispos, sin que ninguna figura ostente el poder supremo.

Esta tensión entre la supremacía papal y el gobierno conciliar se convertiría en una de las cuestiones centrales que impulsarían la división entre Oriente y Occidente. Si bien los primeros concilios estaban destinados a unir a la Iglesia, a menudo resaltaron las mismas diferencias que la estaban separando.

El gran cisma de 863-867: un precursor de la ruptura final

Uno de los acontecimientos más importantes, pero a menudo pasado por alto, en el camino hacia el Gran Cisma de 1054 fue el cisma anterior que ocurrió en el siglo IX, a veces llamado el Cisma Fotiano. Este acontecimiento fue un precursor clave de la ruptura final entre Roma y Constantinopla, y sentó las bases para las sospechas y hostilidades mutuas que definirían la relación entre Oriente y Occidente en los siglos venideros.

El cisma de Focio fue provocado por una disputa sobre el nombramiento del Patriarca de Constantinopla. En 858 d.C., el patriarca Ignacio de Constantinopla fue depuesto por el emperador bizantino y en su lugar se nombró a un erudito llamado Focio. Esta decisión fue controvertida, ya que Ignacio había sido un firme defensor de la independencia de la Iglesia de la interferencia imperial, mientras que Focio era visto como más dispuesto a complacer los deseos del emperador. Focio también fue una potencia intelectual, conocido por su profundo conocimiento de teología, filosofía y literatura clásica.

Si bien los obispos orientales aceptaron el nombramiento de Focio, el Papa en Roma, Nicolás I, se negó a reconocerlo, insistiendo en que Ignacio era el patriarca legítimo. La postura de Nicolás no se refería sólo a la legitimidad del patriarca, sino también a afirmar la autoridad del Papa sobre la Iglesia Oriental. Al negarse a reconocer a Focio, el Papa estaba haciendo una declaración clara de que el Patriarca de Constantinopla no podía ser nombrado sin la aprobación de Roma.

En respuesta, Focio convocó un concilio en Constantinopla en el año 867 d. C., que condenó la interferencia del Papa y declaró que Roma se había excedido en sus límites. Este concilio también criticó la cláusula Filioque, que la Iglesia occidental había agregado al Credo de Nicea, como exploramos en el capítulo anterior. El Filioque fue visto por la Iglesia Oriental como un grave error teológico, y la condena del concilio intensificó aún más las tensiones entre Oriente y Occidente.

Durante un tiempo pareció que el cisma entre Roma y Constantinopla sería permanente. Pero en 867 d.C., el emperador bizantino que había apoyado a Focio fue depuesto y el nuevo emperador restauró a Ignacio en su posición de patriarca. Este cambio político permitió una reconciliación temporal entre Roma y Constantinopla, ya que ambas partes acordaron dejar atrás la disputa. Pero el cisma de Focio dejó un legado duradero de desconfianza, particularmente porque había expuesto las profundas diferencias entre las dos Iglesias en cuestiones de autoridad y teología.

El cisma de Focio fue significativo no sólo porque fue una señal temprana de la creciente división entre Oriente y Occidente, sino porque reveló cuán entrelazadas se habían vuelto las cuestiones teológicas y políticas. La disputa sobre el Patriarca de Constantinopla tenía que ver tanto con la política imperial como con el gobierno de la iglesia, y la participación del Papa en lo que era esencialmente un asunto interno bizantino sentó un precedente para conflictos futuros.

El patriarca Focio y el Papa: un choque de autoridad

Focio, la figura central del cisma de Focio, sigue siendo una de las figuras más fascinantes y controvertidas de la historia de la Iglesia Oriental. Focio, brillante erudito y diplomático, fue un defensor de la independencia bizantina de Roma y un firme defensor de la teología ortodoxa oriental. Su conflicto con el Papa Nicolás I no fue sólo una lucha de poder personal: fue un choque de dos visiones muy diferentes de lo que debería ser la Iglesia.

Para el Papa Nicolás, el conflicto con Focio fue una oportunidad para afirmar la supremacía del Papa sobre todo el mundo cristiano. Nicolás I fue uno de los Papas más asertivos del siglo IX y creía que el Papa tenía la autoridad para intervenir en los asuntos de la Iglesia Oriental, del mismo modo que tenía derecho a intervenir en la política de Europa Occidental. La participación de Nicolás en la disputa sobre el Patriarca de Constantinopla fue parte de una estrategia más amplia para fortalecer la autoridad del Papa, tanto en Oriente como en Occidente.

Para Focio, la interferencia del Papa fue una violación de la autonomía de la Iglesia Oriental. La Iglesia Bizantina siempre había mantenido cierto grado de independencia de Roma, y el Patriarca de Constantinopla se veía a sí mismo como el líder espiritual del mundo cristiano oriental, sólo superado por el Papa en rango pero no en subordinación. Focio creía que la Iglesia Oriental debería ser gobernada por sus propios concilios y obispos, sin interferencia del Papa o de la Iglesia Occidental.

El conflicto entre Focio y Nicolás reflejó la tensión más amplia entre el modelo de gobierno conciliar favorecido por la Iglesia oriental y el modelo de supremacía papal defendido por la Iglesia occidental. La Iglesia Oriental creía que las decisiones importantes debían ser tomadas colectivamente por los obispos, siendo el Patriarca el primero entre iguales. Por el contrario, la Iglesia occidental creía que el Papa tenía la última palabra en cuestiones de doctrina y gobierno, y que su autoridad se extendía también a la Iglesia oriental.

El cisma de Focio terminó con una reconciliación temporal, pero las cuestiones que planteó (la autoridad papal, el Filioque y el papel de los concilios) continuaron latentes bajo la superficie de las relaciones Este-Oeste durante los dos siglos siguientes. El propio Focio fue finalmente rehabilitado por la Iglesia Oriental y se le recuerda como uno de los grandes defensores de la ortodoxia oriental. Pero su conflicto con el Papa preparó el escenario para la ruptura final que se produciría en 1054.

Esfuerzos fallidos de reconciliación

A pesar de las crecientes tensiones entre Oriente y Occidente, hubo repetidos esfuerzos de reconciliación en los siglos previos al Gran Cisma. Ambas partes reconocieron la importancia de mantener la unidad cristiana y hubo momentos en los que pareció que se podía salvar la división. Pero estos esfuerzos finalmente no tuvieron éxito, ya que las diferencias teológicas, culturales y políticas entre las dos Iglesias resultaron demasiado grandes para superarlas.

Uno de los intentos de reconciliación más notables se produjo a principios del siglo XI, durante el pontificado del Papa Juan XIX. En 1024, el patriarca de Constantinopla, Eustacio, envió una delegación a Roma con la esperanza de resolver las disputas surgidas a lo largo de los siglos anteriores. El Patriarca propuso un compromiso: el Papa reconocería al Patriarca de Constantinopla como jefe de la Iglesia Oriental, mientras que el Papa seguiría siendo reconocido como la autoridad suprema en Occidente.

Durante un tiempo pareció que esta propuesta podría tener éxito. El Papa Juan XIX estaba abierto a la idea de un modelo de liderazgo dual, en el que Oriente y Occidente coexistirían como ramas separadas pero iguales de la Iglesia cristiana. Sin embargo, esta propuesta encontró resistencia dentro de la Iglesia occidental, particularmente de los obispos y cardenales que la vieron como una amenaza a la supremacía papal. Al final, las negociaciones fracasaron y se perdió la oportunidad de reconciliación.

Otro momento importante llegó en 1053, apenas un año antes del cisma final. El emperador bizantino, Constantino IX Monomachos, buscó una alianza con el Papa contra los normandos, que amenazaban los territorios bizantinos en el sur de Italia. El emperador esperaba que, al formar una alianza militar, también podría reparar la brecha teológica y eclesiástica entre Oriente y Occidente.

En la primavera de 1054, una delegación encabezada por el cardenal Humbert, representante del Papa León IX, llegó a Constantinopla para negociar con el patriarca Miguel Cerulario. Sin embargo, las negociaciones fracasaron rápidamente, ya que ambas partes se negaron a ceder en las cuestiones clave que las dividían, en particular el Filioque y la cuestión de la autoridad papal. Lo que comenzó como un intento de reconciliación pronto se convirtió en una confrontación, con Humbert y Cerularius intercambiando acusaciones de herejía y cisma.

El 16 de julio de 1054, el cardenal Humbert entró en Santa Sofía y colocó una bula de excomunión en el altar, declarando que el patriarca Cerulario y sus seguidores estaban excomulgados de la Iglesia romana. En respuesta, Cerulario convocó un sínodo de obispos orientales, que emitió su propia excomunión del cardenal Humbert y su delegación.

Esta excomunión mutua marcó el comienzo formal del Gran Cisma, pero no fue el resultado de un solo evento. Más bien, fue la culminación de siglos de creciente desconfianza, disputas teológicas, diferencias culturales y rivalidades políticas. El camino hacia 1054 fue largo y complejo, y cuando se produjo la ruptura final, Oriente y Occidente ya se habían alejado demasiado para poder reconciliarse.

Capítulo 6

LA CRISIS DE 1054

En el año 1054, el mundo cristiano se encontró al borde de un acontecimiento monumental que cambiaría para siempre el curso de su historia. Imagínense esto: dos grandes pilares de la fe, las ramas oriental y occidental del cristianismo, llevaban mucho tiempo separándose, cada una con sus propias prácticas, creencias y líderes. La tensión se había estado gestando durante siglos, pero en 1054 todo llegó a un punto crítico en lo que hoy se conoce como el Gran Cisma. Como una escena dramática en una historia de familia dividida, este fue el momento en que Oriente y Occidente rompieron oficialmente sus lazos, poniendo en marcha un efecto dominó que moldearía el futuro del cristianismo. Este capítulo profundiza en los acalorados intercambios, las figuras clave en el centro del conflicto y las consecuencias duraderas de ese momento crucial en 1054.

Los enviados a Constantinopla: la misión del cardenal Humbert

En el año 1054, las relaciones entre Roma y Constantinopla alcanzaron un punto de ebullición. Fue una época de gran tensión, no sólo debido a desacuerdos teológicos sino también a fricciones políticas y culturales. Este capítulo se centra en los dramáticos acontecimientos que llevaron a la ruptura final entre las Iglesias ortodoxa oriental y católica romana, centrándose en la infame misión del cardenal Humbert a Constantinopla, que terminó en excomuniones mutuas y el cisma formal.

La Iglesia occidental, encabezada por el Papa León IX, estaba afirmando cada vez más su autoridad, particularmente en cuestiones de teología y gobierno eclesiástico. La cláusula Filioque (la adición de las palabras "y el Hijo" al Credo de Nicea en Occidente) había sido fuente de creciente controversia durante siglos. Para la Iglesia Oriental, este cambio no fue sólo una modificación teológica no autorizada sino un símbolo de la arrogancia y extralimitación de la Iglesia Occidental. Sin embargo, el Filioque fue sólo uno de muchos problemas. El conflicto más profundo tenía que ver con la autoridad: ¿quién tenía derecho a dirigir y definir el cristianismo?

En 1053, las tensiones entre el Imperio Bizantino y el Sacro Imperio Romano Germánico estaban aumentando. Los normandos, con el apoyo papal, habían comenzado a atacar tierras bizantinas en el sur de Italia, amenazando el frágil equilibrio de poder en la región. En respuesta, el emperador bizantino Constantino IX Monomachos buscó una alianza con el Papa León IX. El objetivo no era sólo abordar la amenaza normanda sino resolver las disputas teológicas que se estaban gestando entre las dos Iglesias.

Con la esperanza de encontrar una solución, el Emperador invitó al Papa León IX a enviar representantes a Constantinopla. Esta fue una oportunidad para que el Papa afirmara su influencia en Oriente y tal vez incluso resolviera la cuestión del Filioque. Sin embargo, el hombre elegido para encabezar la delegación papal fue el cardenal Humbert, un firme defensor de la supremacía papal y de línea dura en cuestiones teológicas. Humbert no era un hombre propenso a hacer concesiones y su enfoque resultaría desastroso.

El cardenal Humbert llegó a Constantinopla en la primavera de 1054, acompañado por una pequeña delegación de funcionarios de la Iglesia occidental. Desde el principio quedó claro que la misión estaba en problemas. El patriarca Miguel Cerulario, líder de la Iglesia Oriental, no estaba de humor para negociar. Recientemente había cerrado las iglesias latinas en Constantinopla y había publicado una carta condenando el uso de pan sin levadura en la Eucaristía occidental, así como otras prácticas occidentales que consideraba desviaciones de la verdadera fe. Occidente vio sus acciones como un ataque directo a las tradiciones romanas y una señal de hostilidad oriental.

Cuando llegaron Humbert y su delegación, las relaciones entre las dos partes se deterioraron rápidamente. Humbert se sintió ofendido por la negativa del Patriarca a reconocer la autoridad del Papa, mientras que Cerulario estaba igualmente indignado por el comportamiento arrogante de Humbert. Los dos hombres estaban atrapados en una lucha de poder que no se trataba sólo de teología sino también de orgullo y autoridad. Ambas partes no estaban dispuestas a llegar a acuerdos y las disputas teológicas que habían estado latentes durante siglos ahora estallaron en un conflicto abierto.

Las excomuniones en Hagia Sophia: un momento dramático

La tensión entre el cardenal Humbert y el patriarca Cerulario llegó a un punto crítico el 16 de julio de 1054, en un acontecimiento dramático y simbólico que marcaría el comienzo oficial del Gran Cisma. Ese día, Humbert y sus compañeros enviados papales marcharon hacia la gran Santa Sofía, la magnífica catedral que era el corazón del cristianismo bizantino. En un acto que sorprendió a la congregación, Humbert colocó una bula de excomunión en el altar, excomulgando formalmente al Patriarca Cerulario y sus seguidores de la Iglesia Romana.

La bula de excomunión estuvo llena de acusaciones. Condenó a la Iglesia Oriental por negarse a aceptar el Filioque, por utilizar pan con levadura en la Eucaristía y por otras prácticas que Occidente consideraba heréticas. La bula también atacó personalmente a Cerulario, acusándolo de arrogancia y de llevar a la Iglesia Oriental al cisma. Las acciones de Humbert fueron una declaración clara de que el Papa (y, por extensión, la

Iglesia occidental) ya no toleraría lo que consideraba desviaciones orientales de la verdadera fe.

La congregación de Hagia Sophia estaba indignada por las acciones de Humbert y el Patriarca respondió rápidamente. Se convocó un sínodo de obispos orientales y, a los pocos días, a cambio emitieron una excomunión formal de Humbert y de la Iglesia occidental. Las dos partes habían roto oficialmente la comunión y el cisma que se había ido gestando durante siglos se había formalizado. Las excomuniones mutuas de 1054 fueron el último clavo en el ataúd de la unidad cristiana, y la división entre Oriente y Occidente perduraría durante siglos.

Pero es importante señalar que, en ese momento, ninguna de las partes consideraba que el cisma fuera definitivo. Las excomuniones estaban dirigidas a individuos específicos (Humberto y Cerulario) y todavía había esperanzas en ambas partes de que la brecha pudiera cerrarse. Sin embargo, las cuestiones más profundas de teología, liturgia y autoridad no se resolvieron, y en las décadas y siglos siguientes, la división entre la ortodoxia oriental y el catolicismo romano se endurecería hasta convertirse en un cisma permanente.

Los acontecimientos de julio de 1054 no tuvieron que ver sólo con diferencias teológicas: tuvieron que ver con la afirmación del poder y la autoridad. El cardenal Humbert y el patriarca Cerulario eran hombres de voluntad fuerte, cada uno de los cuales representaba una Iglesia que se creía la verdadera guardiana de la ortodoxia cristiana. Su enfrentamiento en Santa Sofía simbolizó la desconfianza y el resentimiento profundamente arraigados que se habían ido acumulando entre las dos Iglesias durante siglos.

El papel del patriarca Miguel Cerulario: desafío y poder

Miguel Cerulario, el patriarca de Constantinopla, jugó un papel central en los acontecimientos que condujeron al cisma, y su carácter y sus acciones fueron fundamentales para dar forma al curso de la historia cristiana. Cerulario, un hombre de inmensa ambición y astucia política, estaba decidido a afirmar la independencia de la Iglesia oriental de Roma y a defender la tradición bizantina contra lo que consideraba la arrogancia de la Iglesia occidental.

Nacido en una influyente familia bizantina, Cerulario ascendió rápidamente en las filas de la Iglesia y se convirtió en Patriarca de Constantinopla en 1043. Desde el comienzo de su mandato, dejó claro que no toleraría la interferencia occidental en los asuntos de la Iglesia Oriental. Su decisión de cerrar las iglesias latinas en Constantinopla en 1052 fue una medida provocativa, destinada a afirmar el dominio de la ortodoxia oriental en la ciudad y enviar un mensaje a Roma de que la Iglesia oriental no se sometería a la autoridad papal.

El desafío de Cerulario tenía sus raíces no sólo en diferencias teológicas sino también en un sentido más amplio de superioridad bizantina. Durante siglos, Constantinopla había sido el centro del Imperio Romano de Oriente, un estado vasto y poderoso que se consideraba el heredero legítimo del Imperio Romano. La Iglesia Oriental, con sus ricas tradiciones litúrgicas, profundidad teológica y estrecha relación con el emperador bizantino, era vista por muchos en Oriente como la verdadera guardiana de la ortodoxia cristiana.

Cerulario veía al Papa como un obispo entre obispos, ciertamente no como el líder supremo de la Iglesia. Esto contrastaba directamente con la visión occidental, según la cual el Papa se había convertido en la cabeza indiscutible de la Iglesia, con autoridad sobre toda la cristiandad. Para Cerulario, la idea de que el Patriarca de Constantinopla se sometiera al Papa no sólo era teológicamente inaceptable sino políticamente insultante. Su decisión de desafiar a Roma en cuestiones como el

Filioque y el uso de pan sin levadura fue parte de una estrategia más amplia para afirmar la independencia de la Iglesia Oriental y resistir lo que él veía como una invasión occidental de la soberanía bizantina.

En sus tratos con el cardenal Humbert, Cerulario mostró poca voluntad de llegar a un acuerdo. Consideraba la misión de Humbert como un intento de imponer la autoridad occidental a la Iglesia oriental y estaba decidido a resistir. Las excomuniones mutuas de 1054 fueron, en muchos sentidos, la culminación de los esfuerzos de Cerulario por defender a la Iglesia bizantina contra la interferencia romana. Si bien inicialmente no se pretendía que el cisma resultante fuera permanente, el desafío de Cerulario preparó el escenario para la división a largo plazo entre Oriente y Occidente.

En los años que siguieron al cisma, Cerulario continuó ejerciendo un poder considerable en el Imperio Bizantino, tanto como líder religioso como figura política. Mantuvo estrechos vínculos con la corte bizantina y su influencia se extendió más allá de la Iglesia hasta el ámbito de la política imperial. Sin embargo, su postura de línea dura contra Roma también contribuyó al creciente aislamiento de la Iglesia Oriental del mundo occidental.

Los últimos intentos de reconciliación: por qué ninguna de las partes pudo ceder

Los acontecimientos de 1054 fueron dramáticos, pero ninguna de las partes los consideró necesariamente definitivos. De hecho, hubo varios intentos de reconciliar a las Iglesias oriental y occidental en los años inmediatamente posteriores a las excomuniones mutuas. Tanto Roma como Constantinopla reconocieron los peligros de un cisma permanente, no sólo por razones teológicas sino también políticas. La creciente amenaza del mundo musulmán, en particular el ascenso de los turcos selyúcidas, hizo que la unidad cristiana pareciera más importante que nunca.

Una de las figuras clave en estos intentos de reconciliación fue el emperador bizantino Constantino IX Monomachos, que inicialmente había buscado una alianza con el Papa León IX contra los normandos en el sur de Italia. El Emperador comprendió que una cristiandad unida sería más eficaz para resistir las amenazas externas y estaba profundamente preocupado por las consecuencias a largo plazo de una división permanente entre Oriente y Occidente.

En los meses posteriores a las excomuniones, hubo esfuerzos diplomáticos para resolver la crisis. Algunas de las figuras más moderadas dentro de ambas Iglesias creían que las excomuniones mutuas podrían levantarse y que las diferencias sobre el Filioque y otras cuestiones podrían resolverse mediante el diálogo. Sin embargo, estos esfuerzos se vieron obstaculizados por la profunda desconfianza que se había desarrollado entre Roma y Constantinopla.

Para la Iglesia occidental, la cuestión de la supremacía papal no era negociable. El Papa se veía a sí mismo como el legítimo sucesor de San Pedro, con autoridad sobre todo el mundo cristiano. Cualquier intento de llegar a un acuerdo sobre este punto habría sido visto como una amenaza a los fundamentos mismos de la eclesiología occidental. Por otro lado, la Iglesia Oriental estaba igualmente comprometida con la idea de la conciliaridad: la creencia de que la Iglesia debería ser gobernada colectivamente por sus obispos, sin que ninguna figura tuviera la máxima autoridad.

Las diferencias teológicas entre las dos Iglesias, particularmente sobre el Filioque, también resultaron difíciles de resolver. Para la Iglesia Oriental, la adición de "y el Hijo" al Credo de Nicea fue más que un simple error teológico: fue una violación de los antiguos concilios de la Iglesia que habían establecido el credo.

Oriente creía que cualquier cambio en el credo requería la aprobación de un concilio ecuménico, y la decisión unilateral de la Iglesia occidental de añadir el Filioque se consideraba una extralimitación inaceptable.

A medida que las negociaciones fracasaron, la situación política en el Imperio Bizantino siguió deteriorándose. La creciente amenaza de los turcos selyúcidas en Oriente y los normandos en Occidente hizo que al emperador bizantino le resultara cada vez más difícil centrarse en resolver las disputas teológicas con Roma. El hecho de que no se lograra la reconciliación inmediatamente después de 1054 significó que el cisma entre Oriente y Occidente se afianzara gradualmente.

A finales del siglo XI, estaba claro que el Gran Cisma no era sólo una crisis temporal sino una división permanente entre las Iglesias Ortodoxa Oriental y Católica Romana. Los esfuerzos por reconciliar habían fracasado, no porque no hubiera deseo de unidad, sino porque las diferencias teológicas, litúrgicas y políticas entre las dos Iglesias eran simplemente demasiado grandes para superarlas. Las excomuniones mutuas nunca se levantaron formalmente, y la división que comenzó en 1054 moldearía el curso del cristianismo en los siglos venideros.

Capítulo 7

LAS CONSECUENCIAS: REACCIONES INMEDIATAS

El Gran Cisma de 1054, que vio a la Iglesia cristiana dividirse en la Iglesia Ortodoxa Oriental y la Iglesia Católica Romana, no fue un evento repentino. Fue el resultado de años de tensión entre Oriente y Occidente, alimentadas por desacuerdos teológicos, diferencias culturales y ambiciones políticas. Si bien el cisma se formalizó en 1054 cuando los legados del Papa excomulgaron al patriarca de Constantinopla, la reacción a este acontecimiento monumental varió dramáticamente entre Oriente y Occidente. Este capítulo profundiza en las respuestas inmediatas en ambas regiones, explora las consecuencias políticas en Bizancio y examina cómo esta división plantó semillas de resentimiento que durarían siglos.

La Iglesia Oriental responde: cómo reaccionaron el clero y el pueblo bizantinos

Oriente no era ajeno a las disputas teológicas. Durante siglos, la Iglesia bizantina había sido un centro de debates y concilios que dieron forma a la doctrina cristiana. Sin embargo, los acontecimientos de 1054 sucedieron de manera diferente. Este no fue simplemente otro desacuerdo sobre la doctrina; fue una ruptura formal con la Iglesia occidental que una vez había estado unida bajo la bandera de la cristiandad.

Cuando la noticia de la excomunión se difundió por el Imperio Bizantino, la reacción inicial del clero y del pueblo fue de confusión. Para el cristiano bizantino promedio, esto parecía simplemente otra disputa entre dos líderes poderosos, el Patriarca de Constantinopla y el Papa en Roma. Muchos no comprendieron de inmediato las implicaciones a largo plazo de la ruptura, en parte porque el cisma había estado latente durante años. Pequeñas diferencias teológicas habían abierto lentamente una brecha entre las dos iglesias, como la adición de la cláusula "Filioque" al Credo de Nicea en Occidente y la cuestión de la supremacía papal.

Entre el clero bizantino, sin embargo, la reacción fue más pronunciada. El patriarca Miguel Cerulario, que había sido excomulgado por los legados del Papa, era un líder de voluntad fuerte que vio el acto como una afrenta a la dignidad de la Iglesia bizantina. A su vez, no perdió tiempo en condenar al Papa y a sus legados. Su respuesta fue rápida y desafiante, reforzando la autoridad de la Iglesia bizantina separada de la influencia romana. Él, junto con otros clérigos de alto rango, dejó en claro que no tenían intención de inclinarse ante la autoridad del Papa, que había sido durante mucho tiempo un punto de discordia entre las dos partes.

Los teólogos del Imperio Bizantino comenzaron a enmarcar el cisma en términos de guerra espiritual, posicionándose como defensores de la verdadera fe cristiana. Acusaron a Occidente de herejía, particularmente por la cláusula Filioque, que Oriente creía que distorsionaba la naturaleza de la Trinidad. La excomunión fue vista no sólo como una medida política, sino como una batalla por el alma del cristianismo. La tensión entre las Iglesias oriental y occidental ya no se trataba sólo de diferencias teológicas: se convirtió en una cuestión de legitimidad espiritual.

En las calles de Constantinopla, sin embargo, la vida transcurría como de costumbre. El ciudadano medio no se preocupó inmediatamente por la excomunión, en gran parte porque durante mucho tiempo había visto a Occidente como algo distante y diferente. El griego era el idioma del Imperio Bizantino, mientras que el latín dominaba Occidente, alienando aún más a ambas partes. Para muchos bizantinos, el cisma pareció una confirmación oficial de una división que ya existía cultural y lingüísticamente desde hacía algún tiempo.

Sin embargo, a medida que pasó el tiempo, todo el peso del cisma se hizo más evidente. Lo que comenzó como una ruptura teológica pronto se dejó sentir en todos los rincones de la vida bizantina, influyendo en el arte, la literatura y la política. El clero bizantino continuó reuniéndose en torno a la idea de que eran los verdaderos herederos de la ortodoxia cristiana, mientras que sus homólogos occidentales eran vistos cada vez más como forasteros, si no enemigos.

El silencio de Europa occidental: por qué Occidente no se vio afectado en gran medida al principio

En contraste con la respuesta inmediata y enérgica de la Iglesia oriental, la reacción en Europa occidental fue marcadamente diferente. En su mayor parte, Occidente permaneció en silencio inmediatamente después del cisma, aparentemente indiferente a los acontecimientos que se desarrollaban en Constantinopla. Esta aparente indiferencia puede atribuirse a varios factores, tanto políticos como culturales.

En el momento del Cisma, Europa Occidental estaba lejos de ser la entidad unificada en la que se convertiría más tarde. El continente estaba fragmentado, con muchos reinos y principados en competencia, cada uno centrado en sus propios asuntos. Si bien el Papa tenía autoridad espiritual, su influencia política fue limitada. Esto significó que el cisma, que tuvo lugar en la lejana ciudad de Constantinopla, no resonó con fuerza en las cortes de los reyes europeos. En Occidente la atención se centró en asuntos locales: disputas territoriales, alianzas dinásticas y el creciente poder del Sacro Imperio Romano Germánico alemán.

Además, la Iglesia occidental ya había comenzado a divergir de Oriente mucho antes de 1054. El latín había reemplazado al griego como lengua de la liturgia y las diferencias teológicas habían ido creciendo durante siglos. La adición de la cláusula Filioque al Credo de Nicea fue una de esas cuestiones, pero a los ojos de muchos en Occidente, era un asunto relativamente menor. La pretensión del Papa de supremacía sobre toda la cristiandad fue generalmente aceptada en Europa occidental, y había poca conciencia o preocupación por las objeciones teológicas planteadas por la Iglesia bizantina.

Esta desconexión entre Oriente y Occidente también fue cultural. En Europa occidental había un sentimiento de superioridad sobre la Iglesia oriental, que era vista como extranjera y decadente. La práctica oriental de permitir clérigos casados, por ejemplo, era vista con sospecha. La Iglesia bizantina, con sus elaborados rituales litúrgicos y su gran dependencia de los iconos, a menudo era considerada exótica e incluso sospechosa por los europeos occidentales. Esta sensación de alteridad contribuyó a la silenciosa reacción de Occidente ante el cisma.

El silencio de Occidente también reflejaba las realidades políticas de la época. El papado, aunque era una poderosa institución espiritual, estaba envuelto en sus propias luchas. La Controversia de la Investidura, un conflicto entre el Papa y el Emperador del Sacro Imperio Romano Germánico sobre quién tenía la autoridad para nombrar obispos, ya se estaba gestando y dominaría el panorama político de Europa occidental durante gran parte del siglo XI. En este contexto, el cisma con Oriente parecía una preocupación lejana, que palidecía en comparación con las luchas internas que enfrentaban el papado y los reinos occidentales.

A pesar de este silencio inicial, el cisma no pasó totalmente desapercibido. Con el tiempo, a medida que se rompieron las comunicaciones entre las Iglesias oriental y occidental, una lenta pero constante conciencia del cisma comenzó a filtrarse en la conciencia occidental. Los teólogos de Occidente comenzaron a ver a la Iglesia Oriental con creciente sospecha, mientras que los líderes políticos llegaron a ver al Imperio Bizantino menos como un socio y más como un rival. Aunque la reacción inmediata fue de indiferencia, se estaban sembrando las semillas de una división a largo plazo.

Las luchas internas de Bizancio: agitación política tras el cisma

El Gran Cisma no sólo afectó la vida religiosa de Bizancio, sino que también tuvo profundas consecuencias políticas. Después de 1054, el Imperio Bizantino se encontró enfrentando no sólo la crisis teológica del Cisma sino también una inestabilidad política interna que amenazaba con destrozar el imperio.

En el centro de esta agitación política estaba la relación entre la Iglesia y el Estado. En Bizancio, el emperador siempre había ejercido una influencia significativa sobre la iglesia, y el Patriarca de Constantinopla era a menudo un aliado cercano de la corte imperial. Sin embargo, el cisma complicó esta dinámica. La ruptura con Occidente, encabezada por el patriarca Miguel Cerulario, tenía el potencial de socavar la autoridad del emperador. Si el pueblo comenzara a ver al Patriarca como el verdadero defensor del cristianismo bizantino, independientemente de la influencia del emperador, podría debilitar el trono imperial.

Los años posteriores al cisma estuvieron marcados por luchas políticas internas dentro de la corte bizantina. El imperio ya estaba en un estado de decadencia, luchando por defender sus fronteras contra la invasión de los turcos selyúcidas. El cisma añadió otra capa de inestabilidad, mientras facciones dentro de la corte competían por el poder. Algunos buscaron mejorar las relaciones con Occidente, viendo el cisma como una división peligrosa en un momento en que el imperio necesitaba aliados, mientras que otros apoyaron la postura de línea dura de Cerulario, argumentando que el futuro de Bizancio radicaba en fortalecer su identidad religiosa y cultural separada de Occidente.

Estas luchas internas llegaron a un punto crítico en las décadas posteriores al cisma. En 1071, menos de 20 años después del cisma, el Imperio bizantino sufrió una derrota catastrófica en la batalla de Manzikert, perdiendo gran parte de Anatolia ante los turcos selyúcidas. Esta derrota fue un importante punto de inflexión para el imperio y puede verse en parte como consecuencia de la fragmentación política que el cisma había exacerbado. Con el liderazgo del imperio dividido entre quienes buscaban la reconciliación con Occidente y quienes se oponían a ella, Bizancio quedó debilitado ante las amenazas externas.

El cisma también tuvo consecuencias políticas más sutiles dentro de la sociedad bizantina. La iglesia había sido durante mucho tiempo una fuerza unificadora en el imperio, con el Patriarca sirviendo como líder tanto espiritual como político. Sin embargo, el cisma dividió al clero y a la corte imperial, lo que hizo más difícil para el emperador proyectar una visión unificada del futuro de Bizancio. Esta división hizo que el imperio fuera más vulnerable a las amenazas externas y contribuyó al declive del poder bizantino en los siglos siguientes.

Creciente resentimiento y desconfianza: las semillas de siglos de amargura

Si bien las respuestas inmediatas al cisma estuvieron marcadas por la confusión en Oriente y el silencio en Occidente, el impacto a largo plazo fue mucho más profundo. Durante los siglos siguientes, la división entre las Iglesias ortodoxa oriental y católica romana se profundizó, alimentada por un creciente resentimiento y desconfianza en ambas partes.

En Oriente, el recuerdo del Cisma se convirtió en un símbolo de la arrogancia y la agresión occidentales. Los bizantinos vieron la excomunión de su Patriarca como un insulto grave, que confirmaba su creencia de que Occidente buscaba dominar y controlar el mundo cristiano. Este sentimiento de agravio se vio agravado por las acciones de las potencias occidentales en los siglos siguientes. Las Cruzadas, que comenzaron a finales del siglo XI, se lanzaron inicialmente para defender los territorios cristianos en Oriente de las invasiones musulmanas. Sin embargo, pronto se convirtieron en otro punto de discordia entre Oriente y Occidente.

La Cuarta Cruzada, en particular, dejó una cicatriz duradera en la relación entre las Iglesias oriental y occidental. En 1204, los ejércitos cruzados saquearon Constantinopla, el corazón del cristianismo bizantino, en una de las traiciones más impactantes de la historia cristiana. La ciudad fue saqueada y muchos de sus tesoros fueron llevados a Occidente. Para los bizantinos, ésta fue la prueba definitiva de que no se podía confiar en Occidente. El cisma ya no fue sólo un desacuerdo teológico: fue visto como el comienzo de una larga campaña de agresión occidental contra Oriente.

En Occidente, por otra parte, el cisma fue visto como una prueba de la intransigencia y herejía oriental. Las diferencias teológicas, como la cláusula Filioque, se convirtieron en símbolos de la división cultural más amplia entre el cristianismo latino y griego. A medida que Europa occidental se hizo más poderosa, especialmente después del surgimiento del Sacro Imperio Romano, hubo una sensación cada vez mayor de que la Iglesia oriental era una reliquia del pasado, fuera de sintonía con el mundo moderno.

Con el tiempo, esta desconfianza se endureció hasta convertirse en siglos de animosidad. Los intentos de sanar el cisma, como el Concilio de Florencia en el siglo XV, finalmente fracasaron. Las divisiones teológicas, culturales y políticas entre Oriente y Occidente se habían vuelto demasiado profundas para salvarlas. El cisma se convirtió en una característica definitoria de la historia cristiana, moldeando las identidades de las Iglesias ortodoxa oriental y católica romana durante generaciones.

La amargura nacida del cisma seguiría influyendo en la relación entre Oriente y Occidente hasta bien entrada la era moderna. Preparó el escenario para futuros conflictos, tanto religiosos como políticos, y dejó un legado de división que todavía existe hoy.

Capítulo 8

LA CUARTA CRUZADA Y SU IMPACTO EN EL CISMA

La Cuarta Cruzada es un capítulo oscuro y complejo en la historia del mundo cristiano. Lo que comenzó como una misión para recuperar Tierra Santa del dominio musulmán terminó en uno de los acontecimientos más impactantes de la historia cristiana: el saqueo de Constantinopla en 1204. La devastación causada por este brutal asalto no fue sólo física sino también profundamente emocional y espiritual. solidificando aún más la división entre la Iglesia Ortodoxa Oriental y la Iglesia Católica Romana. Los acontecimientos de la Cuarta Cruzada dejaron heridas tan profundas que cualquier esperanza de reconciliación entre Oriente y Occidente se volvió distante, si no imposible, durante los siglos venideros.

Comienzan las cruzadas: cómo se militarizó la religión

Las Cruzadas fueron una serie de campañas militares sancionadas religiosamente, iniciadas por el Papado con el objetivo de recuperar Tierra Santa del control musulmán. Pero para comprender verdaderamente cómo comenzaron estas expediciones militares, primero hay que mirar hacia atrás, al estado de la Europa cristiana a finales del siglo XI. Las conquistas musulmanas de los siglos anteriores habían reducido significativamente la influencia cristiana en Oriente, particularmente en áreas como Jerusalén, que tenía un inmenso significado religioso tanto para cristianos como para musulmanes.

En 1095, el Papa Urbano II lanzó la Primera Cruzada en respuesta a una súplica del emperador bizantino Alejo I, que buscaba ayuda occidental para hacer retroceder al avance de los turcos selyúcidas. En el Concilio de Clermont, el Papa llamó a los cristianos a tomar las armas, enmarcando la Cruzada no sólo como un esfuerzo militar, sino como una misión santa bendecida por Dios. Prometió que a quienes lucharan en las Cruzadas se les concedería la absolución de sus pecados, transformando el acto de la guerra en un camino hacia la salvación espiritual.

La Primera Cruzada fue un éxito sorprendente desde la perspectiva del Occidente cristiano. En 1099, los cruzados capturaron Jerusalén y establecieron varios estados cruzados en el Levante. Sin embargo, estas victorias tuvieron un gran costo, tanto en términos de vidas humanas como de la creciente brecha entre Oriente y Occidente. El Imperio Bizantino, aunque agradecido por la ayuda militar, rápidamente se volvió cauteloso con los cruzados, quienes a menudo parecían más interesados en crear sus propios territorios que en ayudar a proteger el imperio.

Con el paso de los años, el movimiento cruzado se enredó cada vez más con la política europea y sus ambiciones personales. Lo que había comenzado como una misión religiosa se transformó en algo mucho más complejo y menos noble. Tanto los papas como los reyes vieron las Cruzadas como una oportunidad para expandir su influencia y poder, mientras que los caballeros y soldados individuales estaban motivados por la promesa de riqueza, tierra y gloria. Las Cruzadas se convirtieron en un medio para militarizar la religión, donde las líneas entre la devoción espiritual y la ambición mundana se desdibujaron.

Si bien las primeras cruzadas se centraron en Tierra Santa, las cruzadas posteriores, sobre todo la Cuarta Cruzada, se alejaron de su propósito original. En la época de la Cuarta Cruzada, el fervor religioso que alguna vez había impulsado a los hombres a luchar por Jerusalén había sido reemplazado por la codicia y las maniobras políticas. Y fue este cambio de enfoque lo que finalmente condujo a los acontecimientos catastróficos de 1204, cuando Constantinopla, el corazón de la cristiandad oriental, fue destrozada por hermanos cristianos.

El saqueo de Constantinopla en 1204: el golpe final a las relaciones Este-Oeste

Se suponía que la Cuarta Cruzada sería otra campaña para recuperar Jerusalén. Pero desde el principio, los cruzados se vieron envueltos en una serie de enredos financieros y políticos que los llevaron lejos de Tierra Santa y directamente al corazón del Imperio Bizantino. En el invierno de 1204, en lugar de marchar sobre Jerusalén, los cruzados sitiaron Constantinopla, la ciudad más grande y próspera del mundo cristiano.

Las semillas del desastre se plantaron desde el principio cuando los cruzados, escasos de fondos, hicieron un trato con la República de Venecia para transportarlos al Levante. A cambio, los cruzados aceptaron ayudar a Venecia a capturar la ciudad de Zara, una ciudad cristiana en la costa del Adriático que se había rebelado contra el dominio veneciano. Esta desviación de lo que se suponía era una misión sagrada para reclamar Tierra Santa sentó un precedente preocupante. Los cruzados, que ahora actuaban más como mercenarios que como guerreros religiosos, atacaron a compañeros cristianos en Zara, profundizando la desilusión con el movimiento cruzado a los ojos de muchos.

Pero lo peor aún estaba por llegar. Después de Zara, los cruzados fueron persuadidos por Alexios Angelos, un príncipe bizantino, para que intervinieran en una disputa dinástica en Constantinopla. Alejo prometió pagar generosamente a los cruzados si le ayudaban a recuperar el trono de su padre. Esta fue una oferta tentadora para los cruzados con problemas de liquidez, y aceptaron. En 1203, instalaron con éxito a Alejo como coemperador, pero cuando los pagos prometidos no se materializaron, las tensiones aumentaron rápidamente.

En abril de 1204, la situación se había deteriorado irreparablemente. Los cruzados, frustrados por las promesas incumplidas y motivados por la codicia, dirigieron todas sus fuerzas contra Constantinopla. El 12 de abril de 1204, asaltaron la ciudad, rompieron sus poderosas murallas y desencadenaron una ola de destrucción y violencia que conmocionó incluso a sus contemporáneos. Durante tres días, Constantinopla fue sometida a brutales saqueos, saqueos y profanación. Se saquearon iglesias, se robaron reliquias de valor incalculable y se masacró a civiles. La gran Santa Sofía, el centro espiritual del mundo ortodoxo, fue profanada y sus tesoros fueron arrastrados a Venecia y otras ciudades occidentales.

El saqueo de Constantinopla fue un desastre de proporciones sin precedentes, no sólo para el Imperio Bizantino sino para todo el mundo cristiano. La brutalidad del ataque dejó profundas cicatrices, tanto físicas como emocionales, en el pueblo de Constantinopla. La ciudad, que durante casi mil años había sido un faro de la civilización cristiana, quedó en ruinas. Su población, ya debilitada por las luchas políticas internas y el avance de las fuerzas musulmanas, estaba ahora traumatizada por las acciones de sus hermanos cristianos.

El saqueo de Constantinopla marcó el golpe final a las relaciones Este-Oeste. Lo que alguna vez había sido una lejana división teológica y cultural era ahora un abismo demasiado amplio para salvarlo. La traición de la Cuarta Cruzada nunca sería olvidada en Oriente, y solidificó el sentimiento de desconfianza y traición que se había ido acumulando desde el Gran Cisma de 1054. Cualquier esperanza de reconciliación entre las Iglesias Ortodoxa Oriental y Católica Romana estaba ahora prácticamente descartada. extinguido.

La codicia de los cruzados: cómo el saqueo y la destrucción profundizaron la división

El descenso de la Cuarta Cruzada al caos y la codicia supuso un brusco alejamiento de su propósito original. A los ojos de muchos, la Cruzada ya no era una misión sagrada, sino un ejercicio brutal de avaricia y destrucción. Si bien los cruzados justificaron sus acciones como necesarias para financiar su campaña, el saqueo de Constantinopla expuso las motivaciones subyacentes de muchos de los involucrados. Los cruzados ya no luchaban por la cristiandad: luchaban por el oro, la tierra y el poder.

El saqueo de Constantinopla fue extenso y exhaustivo. Obras de arte de valor incalculable, reliquias religiosas y tesoros que se habían acumulado durante siglos fueron robados y llevados de regreso a Europa occidental. Los grandes caballos de bronce del Hipódromo, que una vez adornaron el gran estadio de Constantinopla, fueron enviados a Venecia, donde todavía se encuentran hoy en lo alto de la Basílica de San Marcos. Se vendieron iconos, reliquias de santos y otros objetos sagrados o se utilizaron para enriquecer a los cruzados y sus aliados venecianos.

Esta flagrante codicia y desprecio por la santidad de Constantinopla hirió profundamente a la Iglesia Ortodoxa Oriental. Durante siglos, el Imperio Bizantino se había considerado a sí mismo como el protector de la cristiandad, y Constantinopla era vista como la nueva Roma, una ciudad bendecida por Dios. El saqueo de la ciudad por parte de los cristianos occidentales no fue sólo una traición a la confianza; fue visto como un acto de sacrilegio. La destrucción de iconos y reliquias religiosas fue particularmente dolorosa, ya que la Iglesia Ortodoxa otorgaba un gran significado espiritual a estos objetos. Verlos profanados, robados o vendidos por compañeros cristianos fue una herida que nunca sanaría por completo.

La codicia de los cruzados tampoco pasó desapercibida en Occidente. Muchos contemporáneos, incluido el Papa Inocencio III, que originalmente había sancionado la Cruzada, quedaron horrorizados por los acontecimientos en Constantinopla. El Papa excomulgó a los cruzados por atacar una ciudad cristiana, aunque esta excomunión fue posteriormente levantada. Incluso en Occidente existía la sensación de que los cruzados se habían desviado mucho de su misión original y que sus acciones habían avergonzado a la Iglesia.

El saqueo y la destrucción de Constantinopla profundizaron la división entre Oriente y Occidente en formas que iban mucho más allá de las disputas teológicas que habían conducido al Gran Cisma. Los acontecimientos de 1204 revelaron el verdadero alcance de las diferencias culturales, políticas y espirituales entre las dos mitades de la cristiandad. Para el pueblo del Imperio Bizantino, Occidente ya no era sólo diferente: era hostil. Las acciones de los cruzados fueron vistas como prueba de que Occidente se preocupaba más por la riqueza y el poder que por la fe cristiana compartida.

En los años siguientes, este resentimiento se enconó y creció. Los tesoros robados de Constantinopla se convirtieron en símbolos de la avaricia occidental, y las cicatrices dejadas por la masacre de los cruzados fueron un recordatorio constante de la traición. Cualquier esfuerzo por cerrar la brecha entre Oriente y Occidente se vio ensombrecido por el recuerdo de 1204, y el saqueo de Constantinopla se convirtió en un momento decisivo en la relación entre las Iglesias ortodoxa oriental y católica romana.

La reacción de la Iglesia Ortodoxa: por qué la reconciliación ahora parecía imposible

La reacción de la Iglesia Ortodoxa ante los acontecimientos de 1204 fue de profunda tristeza, ira y amargura. Inmediatamente después del saqueo de Constantinopla, quedó claro que las heridas infligidas por la Cuarta Cruzada no sanarían fácilmente, si es que lo hacían. Para la Iglesia Ortodoxa Oriental, la idea de reconciliación con la Iglesia Católica Romana (ya tenue tras el Gran Cisma de 1054) ahora parecía imposible.

La destrucción de Constantinopla había destrozado cualquier confianza que quedara entre las dos iglesias. El clero ortodoxo, que durante mucho tiempo había recelado de la influencia occidental, ahora veía a la Iglesia Católica Romana no sólo como un rival, sino como un enemigo. El saqueo de la ciudad fue visto como un acto deliberado de agresión, una traición a la fe cristiana por parte de quienes se suponía eran sus defensores.

En los años posteriores a la Cuarta Cruzada, la Iglesia Ortodoxa tomó medidas para distanciarse aún más de la Iglesia Católica Romana. Las disputas teológicas que habían contribuido al Gran Cisma, como la cláusula Filioque y la cuestión de la supremacía papal, quedaron ahora eclipsadas por el trauma emocional y espiritual de 1204. La Iglesia Ortodoxa se veía a sí misma como la verdadera defensora de la ortodoxia cristiana, mientras que la La Iglesia Católica Romana era cada vez más vista como corrupta, codiciosa y herética.

En los siglos siguientes se hicieron intentos de reconciliación, pero siempre quedaron eclipsados por el recuerdo de la Cuarta Cruzada. El Concilio de Lyon en 1274 y el Concilio de Florencia en 1439 intentaron cerrar la brecha entre las dos iglesias, pero ninguno de los esfuerzos tuvo éxito. La desconfianza y el resentimiento que se habían ido acumulando desde el Gran Cisma se vieron agravados por los acontecimientos de 1204, y la Iglesia Ortodoxa no estaba dispuesta a perdonar ni olvidar la traición de Constantinopla.

La Cuarta Cruzada no sólo había destruido el corazón físico del Imperio Bizantino; también había asestado un golpe mortal a la relación espiritual entre Oriente y Occidente. La Iglesia Ortodoxa, que alguna vez había esperado la reconciliación, ahora la veía como un sueño lejano, si no imposible. Los acontecimientos de 1204 se convirtieron en un momento decisivo en la historia del mundo cristiano, solidificaron la división entre las Iglesias ortodoxa oriental y católica romana y garantizaron que las cicatrices del Gran Cisma permanecieran durante los siglos venideros.

Capítulo 9

DIVERGENCIA TEOLÓGICA DESPUÉS DEL CISMA

El Gran Cisma de 1054 fue más que una simple ruptura política y cultural: fue una división arraigada en profundas diferencias teológicas que se habían estado enconando durante siglos. Una vez que se formalizó el cisma entre las Iglesias ortodoxa oriental y católica romana, la brecha teológica siguió creciendo, creando dos caminos distintos dentro del cristianismo. Estas divergencias se extendieron más allá de los desacuerdos doctrinales menores e influyeron en cómo millones de personas veían aspectos fundamentales de su fe, desde el pecado y la salvación hasta el más allá y el papel de los santos. En este capítulo, exploramos las cuatro divisiones teológicas clave que se profundizaron después del Cisma: la doctrina del pecado original, la naturaleza de la salvación, la veneración de los santos y los íconos, y la comprensión de la vida después de la muerte.

La doctrina del pecado original: interpretaciones diferentes en Oriente y Occidente

En el centro de la divergencia teológica entre Oriente y Occidente estaba la interpretación del pecado original. La doctrina del pecado original, arraigada en la historia bíblica de la caída de Adán y Eva en el Jardín del Edén, jugó un papel crucial en la forma en que los cristianos entendían la naturaleza humana y la necesidad de salvación. Sin embargo, Oriente y Occidente abordaron este concepto de maneras fundamentalmente diferentes, lo que llevó a un marcado contraste en sus marcos teológicos.

En Occidente, bajo la influencia de Agustín de Hipona, la doctrina del pecado original se convirtió en la piedra angular de la teología católica romana. Agustín enseñó que el pecado de Adán se transmitió a toda la humanidad, corrompiendo la naturaleza humana y dejando a cada persona en un estado de pecaminosidad inherente desde el nacimiento. Según este punto de vista, el pecado original no era sólo un defecto moral sino una distorsión fundamental de la naturaleza humana que sólo podía superarse mediante el bautismo y la gracia de Dios. Esta comprensión del pecado original enfatizó la necesidad absoluta de la redención y puso gran énfasis en el estado caído de la humanidad.

Para la Iglesia Católica Romana, esta doctrina tuvo implicaciones de largo alcance. Dio forma a la forma en que se entendían los sacramentos, especialmente el bautismo y la penitencia. El bautismo se consideraba esencial para lavar la mancha del pecado original, y la penitencia se hizo necesaria para absolver los pecados posbautismales. Este punto de vista también influyó en el énfasis de la Iglesia Católica en el papel del sacerdocio y los sacramentos como mediadores de la gracia de Dios en un mundo pecador.

En Oriente, sin embargo, la interpretación del pecado original tomó un camino diferente. La Iglesia Ortodoxa Oriental, si bien reconoció la caída de Adán y sus consecuencias, no consideró el pecado original como una corrupción que destruyera fundamentalmente la naturaleza humana. En cambio, los ortodoxos vieron la caída como una pérdida de la comunión original de la humanidad con Dios y un debilitamiento de la voluntad, en lugar de una culpa heredada que condenaba a cada persona al nacer. Para la Iglesia Oriental, el pecado era visto principalmente como una enfermedad o dolencia espiritual que requería curación, más que como una ofensa legal que exigía castigo.

Esta distinción tuvo efectos profundos en la comprensión que la Iglesia Oriental tenía de la salvación y los sacramentos. El bautismo todavía se consideraba importante, pero se veía más como un renacimiento a una vida de gracia que como una eliminación de la culpa inherente. El énfasis en la tradición oriental estaba en el proceso de theosis (convertirse en uno con Dios a través del crecimiento y la transformación espiritual) en lugar del enfoque occidental en el perdón jurídico del pecado.

Las diferencias en la interpretación del pecado original reflejaban divisiones culturales y filosóficas más amplias entre Oriente y Occidente. El cristianismo occidental, moldeado por la cultura legalista del Imperio Romano, tendía a ver el pecado y la salvación a través del lente de la culpa, la justicia y la expiación. En contraste, la tradición oriental, influenciada por la filosofía griega y la herencia mística del cristianismo primitivo, enfatizaba la curación, la transformación y la unión con Dios.

Estos puntos de vista contrastantes sobre el pecado original no eran sólo debates teológicos abstractos; Influyeron en la forma en que los cristianos, tanto de Oriente como de Occidente, vivían su fe. En Occidente, hubo un mayor enfoque en la penitencia, la confesión y la necesidad de absolución continua, mientras que en Oriente, el énfasis estaba en el ascenso espiritual, la oración y la experiencia mística de la presencia de Dios.

A medida que pasaron los siglos, estas diferencias se arraigaron más, contribuyendo a la creciente división teológica entre las dos iglesias.

La naturaleza de la salvación: la brecha teológica se hace más amplia

Estrechamente ligada a la doctrina del pecado original estaba la cuestión de la salvación. ¿Qué significa ser salvo? ¿Cómo se alcanza la salvación? Estas fueron preguntas que tanto la Iglesia oriental como la occidental intentaron responder, pero sus respuestas reflejaron sus diferentes fundamentos teológicos y filosóficos.

En la Iglesia Católica Romana, la salvación se entendía principalmente en términos de expiación y justificación. La caída de Adán había sumido a la humanidad en un estado de pecado, y sólo mediante el sacrificio de Jesucristo en la cruz se podía expiar ese pecado. La salvación, desde este punto de vista, consistía en ser justificado ante Dios: ser declarado justo a pesar de los pecados. Esta justificación fue posible por la gracia de Dios, mediada por los sacramentos, particularmente el bautismo, la Eucaristía y la penitencia.

La comprensión católica de la salvación enfatizaba la naturaleza legal y transaccional de la gracia. El pecado creó una deuda que había que pagar, y la muerte de Cristo en la cruz fue el pago final de esa deuda. Sin embargo, las personas todavía necesitaban cooperar con la gracia de Dios a través de la fe, las buenas obras y la participación en los sacramentos para poder ser salvos. Este punto de vista dio lugar a la doctrina católica del purgatorio, donde las almas que no habían pagado completamente su deuda por el pecado podían someterse a una purificación antes de entrar al cielo.

Por el contrario, la Iglesia Ortodoxa Oriental encaró la salvación no como una transacción legal, sino como un proceso de transformación. La Iglesia Oriental enfatizó el concepto de theosis o divinización, que sostenía que la salvación era el proceso de volverse uno con Dios, no simplemente ser perdonado por el pecado. Para los ortodoxos, la encarnación, muerte y resurrección de Cristo fueron vistas no sólo como actos de expiación, sino como el medio por el cual la humanidad podría restaurar su comunión original con Dios.

La salvación en la Iglesia Oriental era vista como un viaje hacia la curación y restauración espiritual. Los sacramentos, particularmente la Eucaristía, no eran simplemente canales de gracia que absolvían el pecado, sino que eran vistos como actos de participación a través de los cuales los creyentes podían entrar en la vida divina. La meta de la salvación no era simplemente evitar el castigo sino estar unidos con Dios en una relación íntima y mística. El énfasis ortodoxo en la encarnación de Cristo (la idea de que Dios se hizo hombre para que el hombre pudiera volverse divino) fue central para su comprensión de la salvación.

Esta divergencia en la comprensión de la salvación llevó a diferentes énfasis en la vida espiritual de las dos iglesias. En Occidente, hubo un fuerte enfoque en la necesidad del individuo de expiar el pecado y merecer la salvación a través de la fe y las buenas obras. Esto llevó al desarrollo de prácticas como las indulgencias y la doctrina del purgatorio, que luego fueron cuestionadas durante la Reforma Protestante. En Oriente, la atención se centraba más en el culto comunitario, la oración y la experiencia mística de la presencia de Dios. La vida espiritual no se trataba de ganar la salvación sino de crecer a la semejanza de Cristo a través de la participación en la vida divina.

Con el tiempo, estas diferencias en la comprensión de la salvación se convirtieron en rasgos definitorios de las dos tradiciones. El enfoque legalista y penitencial de Occidente contrastaba marcadamente con la visión mística y transformadora de Oriente, lo que hacía cada vez más difícil la reconciliación entre las dos iglesias. A medida que la brecha teológica se hizo más amplia, la posibilidad de sanar el cisma se volvió más remota.

El papel de los santos y los iconos: visiones divergentes sobre la veneración

Uno de los puntos más visibles de divergencia teológica después del cisma fue el papel de los santos y los iconos en el culto cristiano. Si bien tanto la Iglesia Ortodoxa Oriental como la Católica Romana veneraban a los santos y utilizaban imágenes religiosas en sus prácticas, sus actitudes hacia estas prácticas comenzaron a divergir después del Cisma, lo que refleja diferencias más profundas en sus puntos de vista teológicos.

En la Iglesia Católica Romana, la veneración de los santos desempeñaba un papel central en la vida espiritual de los creyentes. Los santos eran vistos como poderosos intercesores que podían orar en nombre de los vivos y los muertos. La Iglesia enseñó que los santos, habiendo alcanzado la santidad a través de sus vidas, ahora estaban en el cielo, disfrutando de la visión beatífica de Dios. Se animaba a los católicos a orar a los santos por su intercesión, y las reliquias de los santos a menudo eran veneradas como objetos de devoción. Las fiestas de los santos eran eventos litúrgicos importantes y las vidas de los santos se presentaban como modelos de virtud cristiana a emular.

La veneración de los santos en la Iglesia católica estaba estrechamente ligada a la doctrina del purgatorio. Dado que la mayoría de las almas, según la enseñanza católica, necesitaban someterse a una purificación en el purgatorio antes de entrar al cielo, las oraciones de los santos se consideraban cruciales para ayudar a esas almas a alcanzar su destino final. Este énfasis en la intercesión y el papel de los santos en el más allá se convirtió en un rasgo distintivo de la espiritualidad católica, especialmente en el período medieval.

El uso de imágenes o iconos religiosos también era importante en el culto católico, aunque la atención se centraba en estatuas e imágenes pintadas de Cristo, la Virgen María y los santos. Sin embargo, el uso de iconos por parte de la Iglesia occidental fue menos central teológicamente que en Oriente.

En la Iglesia Ortodoxa Oriental, la veneración de los santos también era una parte vital de la vida espiritual, pero se entendía de otra manera. Los santos eran vistos como ejemplos de santidad, pero su función principal no era interceder en favor de los vivos; más bien, eran vistos como participantes de la vida divina que podían inspirar y guiar a los fieles. La Iglesia Ortodoxa enfatizó el concepto de la "nube de testigos" de la Epístola a los Hebreos, que enseñaba que los santos estaban presentes con los creyentes en el culto, uniéndose a ellos en la alabanza a Dios.

La veneración de los iconos era particularmente central en el culto ortodoxo. Los iconos no eran meros objetos decorativos, sino ventanas al cielo: imágenes sagradas a través de las cuales se podía encontrar lo divino. La teología de los iconos, desarrollada por los primeros Padres de la Iglesia como Juan de Damasco, sostenía que, dado que Cristo se había encarnado, era apropiado representarlo a él y a los santos en forma visual. Los iconos se utilizaban tanto en el culto público como privado, y su veneración se consideraba una parte esencial de la espiritualidad ortodoxa.

La controversia iconoclasta que sacudió a la Iglesia oriental en los siglos VIII y IX ya había establecido la importancia de los iconos en la teología ortodoxa. Después del cisma, el uso de íconos se convirtió en una de las características definitorias de la ortodoxia oriental, distinguiéndola de Occidente. La Iglesia occidental, si bien aceptó el uso de imágenes religiosas, no les dio el mismo significado teológico que Oriente, donde se creía que los iconos eran un medio a través del cual los fieles podían encontrar la presencia de Cristo y los santos.

Esta divergencia en el papel de los santos y los íconos reflejaba las diferencias teológicas más amplias entre las dos iglesias. En Occidente, el enfoque en los santos como intercesores estaba ligado a la comprensión católica del purgatorio y la necesidad de mediación entre lo humano y lo divino. En Oriente, la veneración de los santos y los iconos tenía más que ver con la participación en la vida divina y la experiencia mística de la presencia de Dios. Estos diferentes énfasis contribuyeron al creciente sentimiento de división entre las dos tradiciones.

El concepto de la otra vida: cómo el purgatorio, el cielo y el infierno se convirtieron en puntos de división

La última gran divergencia teológica entre las Iglesias ortodoxa oriental y católica romana después del cisma fue su comprensión de la otra vida. Si bien ambas iglesias creían en el cielo y el infierno, sus puntos de vista sobre lo que les sucedía a las almas después de la muerte, particularmente con respecto al purgatorio, se convirtieron en un importante punto de discordia.

En la Iglesia Católica Romana, la doctrina del purgatorio se convirtió en una característica central de su enseñanza sobre la vida después de la muerte. El purgatorio se entendía como un estado temporal donde las almas que habían muerto en estado de gracia pero aún cargaban con el castigo temporal debido a sus pecados podían someterse a una purificación antes de entrar al cielo. La idea era que, si bien el sacrificio de Cristo había abierto las puertas del cielo, las almas individuales todavía necesitaban ser limpiadas de los efectos de sus pecados mediante un proceso de sufrimiento y purificación.

La doctrina del purgatorio estaba estrechamente ligada a la comprensión católica de la penitencia y las indulgencias. A los católicos se les enseñó que mediante buenas obras, oraciones y participación en los sacramentos, podían reducir el tiempo que ellos o sus seres queridos pasaban en el purgatorio. Esto llevó al desarrollo de prácticas como la ofrenda de misas por los muertos y la concesión de indulgencias, que se convirtieron en un aspecto importante de la piedad católica medieval.

En la Iglesia Ortodoxa Oriental no se aceptaba el concepto de purgatorio. Si bien la Iglesia Ortodoxa creía en la posibilidad de la purificación póstuma, no enseñaba que existiera un lugar o estado distinto llamado purgatorio. En cambio, los ortodoxos sostenían que las oraciones por los muertos podían ayudar a quienes habían muerto en estado de arrepentimiento, pero la naturaleza exacta de lo que sucedió después de la muerte seguía siendo un misterio. La comprensión ortodoxa de la otra vida enfatizaba la misericordia y el amor de Dios, más que un sistema de castigo y recompensa temporal.

El rechazo del purgatorio por parte de la Iglesia Ortodoxa tenía sus raíces en su marco teológico más amplio, que se centraba más en el proceso de theosis: la transformación gradual del alma a la semejanza de Dios. Para los ortodoxos, la otra vida no se trataba de pagar la deuda del pecado sino de entrar en una comunión más profunda con Dios. Los ortodoxos también rechazaron la práctica occidental de las indulgencias, que consideraban una distorsión de la verdadera comprensión cristiana de la gracia y la salvación.

Las diferentes opiniones sobre el purgatorio no eran sólo una disputa teológica; también reflejaban diferencias culturales y filosóficas más amplias entre Oriente y Occidente. La Iglesia occidental, influenciada por las tradiciones legalistas del derecho romano, tendía a ver la vida después de la muerte en términos de justicia y retribución, mientras que la Iglesia oriental, moldeada por la teología mística de los primeros Padres de la Iglesia, enfatizaba la misericordia y la transformación.

Estos puntos de vista contrastantes sobre la otra vida profundizaron aún más la división teológica entre las dos iglesias. Si bien tanto la Iglesia Ortodoxa Oriental como la Católica Romana continuaron compartiendo la creencia en el cielo y el infierno, sus diferentes interpretaciones de lo que sucedió entre la muerte y el juicio final se convirtieron en un símbolo de la creciente brecha en sus puntos de vista teológicos.

La divergencia teológica que siguió al Gran Cisma de 1054 no fue simplemente una cuestión de desacuerdos doctrinales abstractos; reflejaba diferencias culturales, filosóficas y espirituales más profundas que se habían ido desarrollando durante siglos. Oriente y Occidente se encontraron en caminos separados, cada uno con su propia comprensión del pecado original, la salvación, el papel de los santos y los íconos, y la otra vida. Estas diferencias se convirtieron en rasgos definitorios de las Iglesias ortodoxa oriental y católica romana, moldeando la vida espiritual de millones de cristianos y contribuyendo a los siglos de división que siguieron.

Con el paso de los siglos, estas divisiones teológicas se endurecieron hasta convertirse en divisiones duraderas, haciendo cada vez más remota la posibilidad de una reconciliación entre las dos iglesias. El Gran Cisma no fue sólo un acontecimiento histórico; fue el comienzo de un viaje largo y a menudo doloroso tanto para la Iglesia Ortodoxa Oriental como para la Católica Romana, un viaje que continuaría dando forma al curso de la historia cristiana para las generaciones venideras.

Capítulo 10

INTENTOS FALLIDOS DE REUNIÓN

El Gran Cisma de 1054, que dividió a la Iglesia cristiana en la Iglesia Católica Romana y la Iglesia Ortodoxa Oriental, fue un capítulo trágico en la historia cristiana. La división entre Oriente y Occidente se hizo más pronunciada a lo largo de los siglos, alimentada por diferencias teológicas, rivalidades políticas y malentendidos culturales. A pesar de este creciente abismo, hubo varios intentos importantes de cerrar la brecha y reunir las dos ramas del cristianismo. Este capítulo explora estos esfuerzos, desde los esperanzadores pero finalmente inútiles Concilios de Lyon y Florencia hasta la trágica caída de Constantinopla y, finalmente, los pasos más modernos hacia la reconciliación. Cada momento de esperanza encontró resistencia, ya que la complejidad de la división resultó demasiado grande para superarla.

El Concilio de Lyon (1274): un breve momento de esperanza para la unidad

El siglo XIII fue un período de inmensa agitación política y religiosa en Europa y el Imperio Bizantino. En ese momento, el impacto inicial del Gran Cisma se había convertido en una división de larga data entre la Iglesia Católica Romana y la Iglesia Ortodoxa Oriental. Pero mientras las dos Iglesias seguían separándose, las amenazas externas iban en aumento. Para el Imperio Bizantino, el creciente poder de los turcos otomanos planteaba una amenaza existencial. Para la Iglesia Católica Romana, las Cruzadas, destinadas a recuperar Tierra Santa del control musulmán, estaban flaqueando. Ambas partes tenían razones prácticas para buscar una solución a sus diferencias, por lo que, en 1274, surgió un momento de esperanza en el Concilio de Lyon.

El Papa Gregorio X convocó el Concilio con la intención de restaurar la unidad entre las Iglesias Oriental y Occidental. El emperador bizantino de la época, Miguel VIII Paleólogo, vio la oportunidad como una forma de conseguir ayuda militar de Occidente para defender su imperio contra los turcos. Para él, la cuestión de la unidad religiosa no era puramente teológica; también era una cuestión de supervivencia. Al mejorar los lazos con Roma, esperaba obtener el apoyo que tanto necesitaba contra sus enemigos.

El Emperador envió una delegación al Concilio y, después de muchas negociaciones, los representantes orientales acordaron aceptar la autoridad del Papa y la disputada cláusula "Filioque" del Credo de Nicea. La Iglesia occidental, por su parte, estaba ansiosa por darle la bienvenida nuevamente al redil a la Iglesia oriental. En 1274, las dos Iglesias se reunieron oficialmente, al menos sobre el papel.

Sin embargo, el reencuentro duró poco. Si bien las motivaciones políticas detrás del Concilio eran claras, las divisiones teológicas y culturales entre las dos Iglesias eran profundas. En Bizancio, el pueblo y el clero estaban indignados por la decisión del Emperador de someterse al Papa. Lo vieron como una traición a su fe y una capitulación ante las demandas occidentales. El clero, en particular, rechazó la cláusula Filioque y la idea de supremacía papal, que consideraban una afrenta a la autonomía de la Iglesia Oriental.

A pesar de los mejores esfuerzos del Emperador, la reunión acordada en el Concilio de Lyon nunca arraigó en los corazones y las mentes del pueblo bizantino. Cuando Miguel VIII murió en 1282, sus sucesores rápidamente se distanciaron del acuerdo. El breve momento de esperanza de unidad se desvaneció, dejando el cisma tan amplio como siempre. El Concilio de Lyon se convirtió en una advertencia sobre cómo la conveniencia política no podía superar diferencias teológicas profundamente arraigadas.

El Concilio de Florencia (1439): Por qué la necesidad política no pudo superar las diferencias teológicas

Más de un siglo después de la fallida reunión de Lyon, se hizo otro intento de sanar el cisma, esta vez en el Concilio de Florencia en 1439. Una vez más, la motivación para buscar la unidad tenía sus raíces en la necesidad política. A principios del siglo XV, el Imperio Bizantino estaba en una situación desesperada. Los turcos otomanos se estaban acercando a Constantinopla, y el otrora poderoso imperio era una sombra de lo que fue antes. El emperador bizantino, Juan VIII Paleólogo, reconoció que sin la ayuda militar de Occidente, su imperio caería en manos de los otomanos. Desesperado por salvar su ciudad, trató de reunir a las Iglesias oriental y occidental con la esperanza de conseguir la ayuda occidental.

El Concilio de Florencia fue convocado con representantes de las Iglesias Ortodoxa Oriental y Católica Romana. Las discusiones fueron largas y complejas y abarcaron una amplia gama de cuestiones teológicas que habían dividido a las Iglesias durante siglos. Los puntos de debate más polémicos fueron la cláusula Filioque, la naturaleza del purgatorio y la autoridad del Papa sobre toda la Iglesia cristiana.

Los teólogos de ambos lados defendieron apasionadamente sus respectivas posiciones, pero la presión política para lograr la unidad fue inmensa. El emperador bizantino y su delegación eran muy conscientes de que sin una reunión no recibirían apoyo militar de Occidente. Al final, acordaron un compromiso. La Iglesia Oriental aceptaría la cláusula Filioque, reconocería la supremacía del Papa y estaría de acuerdo con la existencia del purgatorio. A cambio, la Iglesia occidental prometió ayudar a defender Constantinopla de la inminente amenaza otomana.

A primera vista, el Concilio de Florencia parecía un éxito. Las dos Iglesias firmaron un decreto de unión y, por un breve momento, pareció que el cisma podría curarse. Pero, al igual que el anterior Concilio de Lyon, el acuerdo alcanzado en Florencia encontró una feroz oposición en el Imperio Bizantino.

Cuando la delegación regresó a Constantinopla, fueron recibidos con ira e indignación. El clero y el pueblo de Bizancio se negaron a aceptar los términos del acuerdo, en particular el reconocimiento de la supremacía papal. Muchos vieron el Concilio como un intento de Occidente de imponer su voluntad a Oriente y rechazaron la idea de que el Papa pudiera tener autoridad sobre su Iglesia. Una vez más, las diferencias teológicas entre Oriente y Occidente resultaron insuperables.

La reunión decretada en Florencia nunca obtuvo una aceptación generalizada en Oriente y, al cabo de unos años, quedó efectivamente anulada. El Imperio Bizantino no recibió la ayuda militar que esperaba y, en 1453, Constantinopla cayó en manos de los otomanos. El fracaso del Concilio de Florencia fue un crudo recordatorio de que la necesidad política no podía forzar la unidad donde las diferencias teológicas y culturales eran tan profundas.

La caída de Constantinopla (1453): cómo la conquista otomana acabó con las esperanzas de reconciliación

La caída de Constantinopla en 1453 fue uno de los acontecimientos más importantes de la historia mundial, y marcó el fin del Imperio Bizantino y el surgimiento del Imperio Otomano. También fue un punto de inflexión en la relación entre las Iglesias ortodoxa oriental y católica romana, ya que acabó efectivamente con cualquier esperanza inmediata de reconciliación.

Durante siglos, Constantinopla había sido el centro del cristianismo oriental, hogar del Patriarca de Constantinopla y el corazón del Imperio Bizantino. Su caída ante los otomanos no fue sólo una derrota política o militar: fue una catástrofe espiritual y cultural para la Iglesia Ortodoxa Oriental. La pérdida de la ciudad a manos de una potencia musulmana fue vista como un castigo por el fracaso de las dos Iglesias cristianas a la hora de sanar sus divisiones.

En los años previos a la caída de Constantinopla, el Imperio Bizantino había buscado desesperadamente ayuda de Occidente. El Concilio de Florencia había sido un intento de obtener ayuda militar de Europa occidental, pero las diferencias teológicas entre Oriente y

Occidente habían resultado demasiado grandes para superarlas. Sin el apoyo de la Iglesia Católica Romana y de los monarcas occidentales, los bizantinos se quedaron solos frente a los otomanos.

El 29 de mayo de 1453, tras un prolongado asedio, la ciudad cayó. El sultán otomano Mehmed II entró en Constantinopla y la declaró nueva capital de su imperio. La caída de Constantinopla provocó conmociones en todo el mundo cristiano. En Occidente, había una sensación de incredulidad ante el hecho de que la gran ciudad de Constantinopla hubiera caído en manos de una potencia musulmana. En Oriente, la caída de la ciudad marcó el fin de una era. El Imperio Bizantino, que alguna vez había sido un faro del cristianismo oriental, ya no existía.

La caída de Constantinopla también marcó el fin de cualquier intento serio de reunificación entre las Iglesias ortodoxa oriental y católica romana durante muchos siglos. Con la desaparición del Imperio Bizantino, la Iglesia Ortodoxa Oriental estaba ahora bajo el control del Imperio Otomano. Los otomanos toleraron la existencia de la Iglesia Ortodoxa pero no tenían ningún interés en las disputas teológicas entre Oriente y Occidente. El Patriarca de Constantinopla, que alguna vez había sido una figura poderosa en el mundo cristiano, ahora era súbdito del Sultán.

En Occidente, la caída de Constantinopla fue vista como un fracaso del mundo cristiano a la hora de unirse contra un enemigo común. Se lamentó que el cisma no se hubiera curado a tiempo para evitar el colapso del Imperio Bizantino, pero para entonces ya era demasiado tarde. Las dos Iglesias permanecerían divididas y la Iglesia Ortodoxa Oriental se desarrollaría por separado bajo el dominio otomano.

La caída de Constantinopla no sólo acabó con el Imperio Bizantino sino que también acabó con cualquier esperanza de una reconciliación inmediata entre las Iglesias Ortodoxa Oriental y Católica Romana. Pasarían siglos antes de que se reanudaran las discusiones serias sobre la curación del Cisma y, para entonces, el mundo había cambiado dramáticamente.

Los intentos modernos de sanar el cisma: desde 1965 hasta hoy: levantamiento de las excomuniones pero no de la división

Si bien el cisma que dividió a las Iglesias ortodoxa oriental y católica romana tuvo sus raíces en los conflictos teológicos y polícticos del período medieval, la era moderna ha visto renovados esfuerzos para salvar la división. En 1965, se produjo un momento histórico cuando las excomuniones de 1054 fueron levantadas formalmente tanto por el Papa como por el Patriarca de Constantinopla. Este fue un paso significativo hacia la reconciliación, pero no significó el fin del cisma. La división entre las dos Iglesias, si bien ya no está marcada por el duro lenguaje de la excomunión, sigue siendo una parte profundamente arraigada en sus identidades.

El levantamiento de las excomuniones se produjo como parte de un movimiento más amplio dentro del cristianismo en el siglo XX hacia el ecumenismo: el esfuerzo por promover la unidad entre las diferentes denominaciones cristianas. El Concilio Vaticano II, celebrado entre 1962 y 1965, jugó un papel clave en este movimiento. El Papa Juan XXIII, que convocó el Concilio, reconoció que las divisiones entre cristianos eran un escándalo que debilitaba el testimonio de la Iglesia en el mundo moderno. Uno de los objetivos del Concilio era mejorar las relaciones entre la Iglesia Católica Romana y otras tradiciones cristianas, incluida la Iglesia Ortodoxa Oriental.

En 1964, el Papa Pablo VI y el Patriarca Atenágoras de Constantinopla se reunieron en Jerusalén, marcando el primer encuentro entre un Papa y un Patriarca en más de 500 años. Al año siguiente, ambos líderes emitieron una declaración conjunta levantando las excomuniones de 1054. Este acto de perdón mutuo fue un gesto simbólico importante, que indicaba que las dos Iglesias ya no se consideraban heréticas. Abrió la puerta a un mayor diálogo entre las Iglesias ortodoxa oriental y católica romana.

Desde entonces, ha habido esfuerzos continuos para mejorar las relaciones entre las dos Iglesias. Varios Papas, incluidos Juan Pablo II y Francisco, se han reunido con líderes ortodoxos y han expresado su deseo de una mayor unidad. En 1995, el Papa Juan Pablo II publicó una encíclica titulada Ut Unum Sint ("Para que sean uno"), en la que pedía esfuerzos continuos para sanar las divisiones entre cristianos, incluido el cisma entre Oriente y Occidente. El Papa incluso expresó su voluntad de reconsiderar el papel del papado, que durante mucho tiempo ha sido un punto conflictivo en las relaciones con la Iglesia Ortodoxa Oriental.

En la era moderna, ambas Iglesias también han cooperado en cuestiones sociales y morales. Han trabajado juntos en asuntos como la defensa de las enseñanzas cristianas tradicionales sobre el matrimonio, la familia y la santidad de la vida. En un mundo donde el secularismo va en aumento, las Iglesias católica romana y ortodoxa oriental han encontrado puntos en común en su compromiso compartido de defender los valores cristianos en el ámbito público.

A pesar de estos esfuerzos, el cisma no se ha curado por completo. Persisten diferencias teológicas, particularmente en lo que respecta al papel del Papa. La Iglesia Ortodoxa Oriental continúa rechazando la idea de que el Papa tenga jurisdicción universal sobre todos los cristianos, mientras que la Iglesia Católica Romana sostiene que el Papa es el sucesor de San Pedro y ocupa una posición especial de autoridad. Estas diferencias no son sólo teológicas; también son históricos y culturales, arraigados en siglos de desarrollo por caminos separados.

Además, existen divisiones dentro de la propia Iglesia Ortodoxa Oriental que complican los esfuerzos hacia la unidad. La Iglesia Ortodoxa está formada por varias iglesias autocéfalas (autónomas), cada una con su propio liderazgo y tradiciones. Si bien comparten una fe común, la política interna de la Iglesia Ortodoxa puede dificultar la presentación de un frente unificado en las discusiones con la Iglesia Católica Romana.

En los últimos años ha habido señales de esperanza. El Papa Francisco y el Patriarca Bartolomé de Constantinopla han continuado la tradición de reunirse y trabajar juntos en temas de interés mutuo. En 2016, se reunieron en la isla griega de Lesbos para abordar la crisis de refugiados, demostrando que las dos Iglesias pueden cooperar en importantes cuestiones humanitarias incluso en ausencia de una plena comunión.

Sin embargo, la reconciliación total sigue siendo difícil de alcanzar. Las heridas del cisma son profundas y, si bien el levantamiento de las excomuniones fue un paso significativo, no resolvió las diferencias teológicas y eclesiales que continúan dividiendo a las dos Iglesias. El diálogo continúa y hay esperanza de que algún día la división que comenzó en 1054 pueda sanar por completo. Pero por ahora, el cisma sigue siendo un recordatorio de las complejidades de la historia cristiana y los desafíos de lograr la unidad en un mundo dividido.

Capítulo 11

EL LEGADO MODERNO DEL CISMA

El Gran Cisma de 1054, que dividió el cristianismo en las Iglesias Ortodoxa Oriental y Católica Romana, fue más que una simple división teológica. Creó dos ramas distintas del cristianismo con sus propias identidades, tradiciones y trayectorias. Con el tiempo, los efectos del cisma han dado forma al curso de la historia cristiana tanto en Oriente como en Occidente, influyendo en todo, desde los acontecimientos políticos hasta las prácticas espirituales. Si bien el impacto inicial se sintió con mayor fuerza en los siglos inmediatamente posteriores a la división, el legado del cisma ha perdurado hasta la era moderna. En este capítulo, exploraremos cómo el cisma dio forma a la identidad de la Iglesia Ortodoxa Oriental, el crecimiento y la transformación de la Iglesia Católica Romana después de la división, los diálogos ecuménicos que han tenido lugar en la historia reciente y la cuestión actual de si la unidad cristiana es alcanzable en el futuro.

Cómo el cisma dio forma a la ortodoxia oriental: la independencia y supervivencia de la Iglesia ortodoxa

Para la Iglesia Ortodoxa Oriental, el Gran Cisma fue un momento decisivo en su historia. La separación de Roma permitió a la Iglesia Ortodoxa establecer un claro sentido de independencia, tanto teológica como cultural. En los años que siguieron al cisma, la ortodoxia se convirtió en una tradición cristiana distinta, que puso gran énfasis en preservar las prácticas litúrgicas antiguas, mantener una estructura descentralizada y fomentar una conexión profunda con las culturas locales.

Una de las formas más significativas en que el cisma dio forma a la ortodoxia oriental fue reforzando su resistencia a la autoridad centralizada. En contraste con la Iglesia Católica Romana, que desarrolló una estructura jerárquica centrada en el Papa, la Iglesia Ortodoxa adoptó un modelo de conciliaridad. Esto significó que el liderazgo se distribuyó entre varias iglesias nacionales, cada una con su propio patriarca. El Patriarca Ecuménico de Constantinopla era reconocido como "el primero entre iguales", pero no tenía el mismo nivel de autoridad que el Papa en Occidente. Esta estructura descentralizada permitió a la Iglesia Ortodoxa sobrevivir a períodos de agitación política, como la caída del Imperio Bizantino en 1453 y siglos de dominio otomano.

El cisma también solidificó el carácter teológico distintivo de la Iglesia Ortodoxa. Mientras la Iglesia occidental continuó evolucionando y participando en debates teológicos (como los que giraban en torno a la naturaleza de la gracia, el pecado original y el papel del Papa), la Iglesia ortodoxa se centró en mantener las tradiciones y enseñanzas de la Iglesia cristiana primitiva. La liturgia ortodoxa, por ejemplo, se mantuvo prácticamente sin cambios desde los primeros siglos del cristianismo. Este énfasis en preservar la tradición se convirtió en la piedra angular de la identidad ortodoxa y ayudó a la Iglesia a mantener un sentido de continuidad con el pasado antiguo.

Culturalmente, la Iglesia Ortodoxa quedó profundamente entrelazada con las naciones y pueblos de Europa del Este y el Mediterráneo Oriental. En Rusia, por ejemplo, la ortodoxia jugó un papel central en la configuración de la identidad nacional, particularmente después de la caída de Constantinopla. La Iglesia Ortodoxa Rusa surgió como una fuerza poderosa en la sociedad rusa, influyendo en todo, desde la política hasta el arte y la literatura. De manera similar, en Grecia, Serbia y otras naciones ortodoxas orientales, la Iglesia se convirtió en guardiana de las tradiciones nacionales, sirviendo a menudo como fuerza unificadora durante períodos de ocupación extranjera o inestabilidad política.

La supervivencia de la Iglesia Ortodoxa a través de siglos de dificultades, incluida la era comunista en el siglo XX, se remonta a la independencia que obtuvo tras el Cisma. Sin la supervisión de una autoridad centralizada como el Papado, la Iglesia Ortodoxa pudo adaptarse a las condiciones locales y mantener su influencia a pesar de las presiones externas. Incluso frente a la persecución, la Iglesia Ortodoxa se mantuvo resistente y se aferró a sus tradiciones y creencias.

Sin embargo, la independencia obtenida mediante el cisma también planteó desafíos. La naturaleza descentralizada de la Iglesia Ortodoxa significaba que a menudo era vulnerable a divisiones internas. Ocasionalmente han estallado disputas entre diferentes iglesias nacionales, como las tensiones actuales entre la Iglesia Ortodoxa Rusa y el Patriarcado Ecuménico de Constantinopla. Estos conflictos internos ponen de relieve el delicado equilibrio que la Iglesia Ortodoxa debe mantener entre unidad e independencia.

A pesar de estos desafíos, la Iglesia Ortodoxa surgió del Cisma como una rama distinta y duradera del cristianismo, con una rica herencia teológica, litúrgica y cultural. Su supervivencia e independencia son testimonios de la fuerza de su identidad y su capacidad para adaptarse a circunstancias históricas cambiantes.

El crecimiento de la Iglesia occidental después de la división: cómo el cisma permitió el surgimiento de los Estados Pontificios y nuevas direcciones teológicas

En Occidente, el Gran Cisma de 1054 tuvo un profundo impacto en el desarrollo de la Iglesia Católica Romana. Si bien las consecuencias inmediatas del cisma estuvieron marcadas por cierto grado de incertidumbre e indiferencia, finalmente permitió a la Iglesia occidental trazar un nuevo rumbo, tanto política como teológicamente. El cisma dio al papado más espacio para afirmar su autoridad, lo que condujo al surgimiento de los Estados Pontificios y al desarrollo de nuevas direcciones teológicas que darían forma al futuro del cristianismo occidental.

Uno de los efectos más significativos del cisma en la Iglesia occidental fue la consolidación del poder papal. En los siglos posteriores a la división, el Papa surgió no sólo como el líder espiritual de la Iglesia occidental sino también como una poderosa figura política. Los Estados

Pontificios, un conjunto de territorios en el centro de Italia bajo el control directo del Papa, se convirtieron en una fuerza importante en la política europea. Este desarrollo permitió al Papa ejercer una influencia significativa sobre los asuntos de reyes y emperadores, que culminó en la Controversia de las Investiduras de los siglos XI y XII, en la que el Papado afirmó su autoridad sobre el nombramiento de obispos.

El ascenso de los Estados Pontificios también allanó el camino para que la Iglesia se convirtiera en una institución política y cultural dominante en la Europa medieval. El Papado se convirtió en la fuerza impulsora detrás de las Cruzadas, que inicialmente se lanzaron como respuesta a la creciente amenaza de la expansión musulmana en el Este, pero pronto se convirtieron en un medio para que la Iglesia extendiera su influencia por Europa y Tierra Santa. Las Cruzadas también contribuyeron a la creciente división entre las Iglesias oriental y occidental, ya que la Cuarta Cruzada condujo al saqueo de Constantinopla en 1204, profundizando la animosidad entre las dos ramas del cristianismo.

Teológicamente, el cisma permitió que la Iglesia occidental se desarrollara siguiendo nuevas líneas, independientemente de la influencia de la tradición ortodoxa oriental. El período medieval vio el surgimiento de la escolástica, un método de investigación teológica que buscaba reconciliar la fe y la razón. Figuras como Tomás de Aquino, Anselmo de Canterbury y Pedro Abelardo desempeñaron papeles clave en la configuración del panorama intelectual de la Iglesia occidental, desarrollando doctrinas que llegarían a ser fundamentales para la teología católica. El concepto de pecado original, el papel de la gracia en la salvación y la naturaleza de los sacramentos fueron explorados y definidos de maneras que diferían de las enseñanzas ortodoxas orientales.

La Iglesia occidental también experimentó un crecimiento significativo durante el período medieval, tanto en términos de número de miembros como de estructura institucional. El monaquismo floreció con la fundación de órdenes influyentes como los benedictinos, los cistercienses y más tarde los franciscanos y los dominicos. Estas órdenes monásticas desempeñaron un papel clave en la difusión del cristianismo por toda Europa, realizando trabajos misioneros y estableciendo centros de aprendizaje que se convertirían en la base del sistema universitario.

En los siglos posteriores al cisma, la Iglesia Católica Romana también enfrentó desafíos que moldearían su desarrollo futuro. La Reforma Protestante del siglo XVI fue una respuesta directa a los abusos percibidos dentro de la Iglesia, como la venta de indulgencias y la centralización de la autoridad papal. La Reforma provocó la fractura del cristianismo occidental y el surgimiento de denominaciones protestantes, lo que complicó aún más el legado del cisma.

Sin embargo, la Iglesia Católica respondió a estos desafíos a través de la Contrarreforma, un movimiento que buscaba reformar la Iglesia desde dentro y reafirmar sus doctrinas fundamentales. El Concilio de Trento (1545-1563) jugó un papel crucial en este proceso, solidificando las enseñanzas católicas sobre temas como los sacramentos, la autoridad del Papa y el papel de la tradición en la interpretación de las Escrituras.

En la era moderna, la Iglesia Católica Romana sigue siendo una de las instituciones religiosas más grandes e influyentes del mundo. Su crecimiento después del Cisma, tanto en términos de poder político como de desarrollo teológico, ha dado forma al curso de la civilización occidental. Si bien la división con la Iglesia Oriental sigue sin resolverse, la Iglesia Católica ha seguido evolucionando, adaptándose a los nuevos desafíos y manteniendo su papel central en la vida espiritual de millones de personas.

Diálogo ecuménico en el siglo XX: esfuerzos renovados por la comprensión y la unidad

El legado del Gran Cisma ocupó un lugar preponderante en la historia cristiana durante siglos, y se hicieron pocos esfuerzos para sanar la división entre las Iglesias ortodoxa oriental y católica romana. Sin embargo, el siglo XX vio un interés renovado en el diálogo ecuménico: esfuerzos para promover el entendimiento, la cooperación y, en última instancia, la unidad entre las dos ramas del cristianismo. Si bien aún no se ha logrado una reconciliación total, estos diálogos han marcado un paso importante hacia la reducción de la división que ha persistido desde 1054.

Uno de los hitos más significativos en las relaciones ecuménicas se produjo en 1965, cuando el Papa Pablo VI y el Patriarca Atenágoras I de Constantinopla levantaron mutuamente las excomuniones que se habían emitido en 1054. Si bien este acto no puso fin oficialmente al Cisma, fue un poderoso gesto simbólico. eso indicaba un deseo de reconciliación. El evento tuvo lugar durante el Concilio Vaticano Segundo, una reunión histórica de la Iglesia Católica Romana que tenía como objetivo modernizar sus prácticas y promover un mayor compromiso con el mundo cristiano en general.

Al levantamiento de las excomuniones siguió una serie de reuniones de alto perfil entre líderes de las Iglesias católica y ortodoxa. Estos encuentros, a menudo marcados por expresiones de buena voluntad y respeto mutuo, ayudaron a romper siglos de desconfianza y abrieron la puerta a discusiones teológicas más sustantivas. Una de las áreas clave de enfoque en estos diálogos ha sido la cuestión de la autoridad papal, que sigue siendo una de las principales diferencias teológicas entre las dos iglesias. Si bien la Iglesia Ortodoxa rechaza la idea de la supremacía papal, ha mostrado voluntad de participar en debates sobre el papel del Papa como figura potencial de unidad en una cristiandad reunificada.

Además de las reuniones oficiales entre líderes de la iglesia, se ha llevado a cabo un diálogo ecuménico a nivel de base. A lo largo de los siglos XX y XXI, teólogos ortodoxos y católicos han participado en proyectos académicos, conferencias y publicaciones conjuntas destinados a fomentar una mayor comprensión entre las dos tradiciones. Estos esfuerzos han explorado áreas de terreno común, como las creencias compartidas en los sacramentos, la veneración de los santos y la importancia de la tradición en la vida cristiana.

A pesar de estos acontecimientos positivos, persisten importantes obstáculos a la unidad. Las diferencias teológicas, particularmente sobre la cláusula Filioque y el papel del Papa, continúan planteando desafíos para la plena reconciliación. Además, las heridas históricas, como el saqueo de Constantinopla durante la Cuarta Cruzada, todavía pesan mucho en la memoria colectiva de la Iglesia Ortodoxa.

Sin embargo, el progreso logrado en el siglo XX representa un cambio notable con respecto a los siglos de distanciamiento que siguieron al Gran Cisma. El espíritu de diálogo y cooperación que ha surgido en los últimos decenios ofrece la esperanza de que algún día se superen las divisiones del pasado.

El futuro de la unidad cristiana: ¿Es posible la reconciliación?

La cuestión de si es posible una plena reconciliación entre las Iglesias ortodoxa oriental y católica romana sigue abierta. Si bien el diálogo ecuménico ha logrado avances significativos en los últimos años, las diferencias teológicas e históricas que separan a las dos iglesias están profundamente arraigadas. Sin embargo, hay motivos para el optimismo, así como desafíos que deben abordarse si se quiere lograr la unidad.

Uno de los avances más prometedores en la búsqueda de la unidad cristiana es el creciente reconocimiento de la herencia compartida entre las Iglesias ortodoxa y católica. Ambas tradiciones tienen sus orígenes en la Iglesia cristiana primitiva y comparten muchos de los mismos sacramentos, creencias y prácticas. Esta base común proporciona un punto de partida para el diálogo y una base para tender puentes entre las dos tradiciones.

Además, el mundo moderno presenta nuevos desafíos y oportunidades para ambas iglesias. El auge del secularismo, el declive de la observancia religiosa en muchas partes del mundo y la globalización de la cultura han creado un contexto en el que la unidad cristiana es más urgente que nunca. Tanto la Iglesia ortodoxa como la católica enfrentan el desafío de preservar su fe en un mundo que cambia rápidamente, y la cooperación entre ambas podría fortalecer su capacidad para enfrentar estos desafíos.

Sin embargo, persisten obstáculos importantes. Las diferencias teológicas, particularmente sobre el papel del Papa, siguen siendo un importante punto de fricción en las discusiones ecuménicas. Si bien la Iglesia Ortodoxa ha mostrado voluntad de entablar un diálogo sobre el papado, sigue oponiéndose firmemente a la idea de la supremacía papal. Encontrar una solución a este problema requerirá que ambas partes hagan concesiones, y no está claro si tal solución es posible sin que una tradición altere significativamente su comprensión de la autoridad de la iglesia.

Las heridas históricas también siguen complicando el camino hacia la unidad. El recuerdo de la Cuarta Cruzada, en la que los cristianos occidentales saquearon Constantinopla, sigue siendo un doloroso recordatorio de las divisiones entre Oriente y Occidente. Si bien gestos de buena voluntad, como el levantamiento de las excomuniones en 1965, han ayudado a sanar algunas de estas heridas, las cicatrices de la historia no se borran fácilmente.

Además de estos desafíos teológicos e históricos, también hay consideraciones prácticas que deben abordarse. La estructura descentralizada de la Iglesia Ortodoxa, en la que la autoridad se distribuye entre varias iglesias nacionales, presenta un desafío para la unidad con la Iglesia Católica Romana, más centralizada. Cualquier acuerdo futuro debería tener en cuenta la naturaleza diversa y a menudo independiente de la Iglesia Ortodoxa, encontrando una manera de equilibrar la unidad con el respeto a la autonomía de las iglesias individuales.

A pesar de estos desafíos, el futuro de la unidad cristiana no está exento de esperanza. Los avances logrados en los siglos XX y XXI demuestran que el diálogo y la cooperación son posibles, incluso frente a profundas divisiones. Mientras tanto la Iglesia ortodoxa como la católica continúan entablando debates sobre su pasado y futuro compartidos, la posibilidad de la reconciliación sigue en el horizonte.

En conclusión, el legado del Gran Cisma sigue dando forma al mundo cristiano moderno. La independencia de la Iglesia Ortodoxa, el crecimiento de la Iglesia Católica Romana, los esfuerzos de diálogo ecuménico y la cuestión actual de la unidad cristiana surgen de los acontecimientos de 1054. Si bien la reconciliación total puede ser todavía una meta lejana, los avances logrados en Las últimas décadas ofrecen la esperanza de que las divisiones del pasado puedan superarse y de que el futuro del cristianismo sea de mayor comprensión y unidad.

Capítulo 12

UNA CRISTIANISMO DIVIDIDA EN EL MUNDO CONTEMPORÁNEO

El Gran Cisma de 1054, que marcó la separación formal entre la Iglesia Católica Romana y la Iglesia Ortodoxa Oriental, puede parecer un acontecimiento histórico lejano para muchos. Sin embargo, sus consecuencias siguen resonando en el mundo de hoy. Esta división del cristianismo ha dado forma no sólo a la práctica religiosa sino también a la cultura, la política y la sociedad en general, particularmente en Europa y Medio Oriente. El legado del cisma se puede ver en la forma en que estas dos ramas del cristianismo han evolucionado con el tiempo y continúan influyendo en la dinámica religiosa global. Este capítulo duodécimo explora el significado contemporáneo de esta división, examinando el papel de la ortodoxia oriental y el catolicismo romano en la actualidad, así como el impacto cultural y político que tuvo el cisma en la historia. Lo más importante es que analiza la relevancia de este antiguo conflicto en el mundo actual y el diálogo continuo entre las dos tradiciones.

La ortodoxia oriental hoy: el alcance global y la influencia de la Iglesia ortodoxa

La Iglesia Ortodoxa Oriental, con raíces en el Imperio Bizantino, ha crecido mucho más allá de sus orígenes en la región del Mediterráneo oriental. Hoy en día, la ortodoxia oriental es una fe global, con millones de seguidores repartidos en diferentes países y continentes. Desde Grecia hasta Rusia y desde Europa del Este hasta América del Norte, la Iglesia Ortodoxa mantiene una presencia significativa, dando forma a la vida espiritual de sus seguidores y al mismo tiempo preservando tradiciones antiguas que se han mantenido prácticamente sin cambios durante siglos.

Una de las características definitorias de la Iglesia Ortodoxa es su énfasis en la continuidad y la tradición. Mientras que otras denominaciones cristianas han sufrido diversas reformas y cambios, la ortodoxia se ha mantenido prácticamente igual en su liturgia, teología y gobierno desde los primeros siglos del cristianismo. La divina liturgia, a menudo celebrada en lenguas antiguas como el griego o el eslavo eclesiástico, conecta a los cristianos ortodoxos con sus antepasados espirituales de una manera que muchos encuentran profundamente significativa. Esta continuidad ha ayudado a la Iglesia Ortodoxa a mantener un sentido de identidad y propósito, incluso frente a los desafíos modernos.

Sin embargo, el alcance global de la ortodoxia no ha estado exento de dificultades. El colapso del Imperio Bizantino y la posterior expansión del Islam en Medio Oriente significó que las comunidades ortodoxas de la región se convirtieran en minorías, enfrentando a menudo persecución y marginación. La caída de Constantinopla en 1453 fue un golpe particularmente devastador para el mundo ortodoxo, ya que la sede del Patriarcado de Constantinopla cayó bajo control otomano. Durante siglos, la Iglesia Ortodoxa luchó por sobrevivir bajo el dominio musulmán, y muchos de sus líderes y seguidores soportaron dificultades y opresión.

A pesar de estos desafíos, la ortodoxia se mantuvo resistente, particularmente en Europa del Este y Rusia. Rusia, en particular, se convirtió en un centro del cristianismo ortodoxo después de la caída de Constantinopla, y a Moscú se la conoció como la "Tercera Roma". La Iglesia Ortodoxa Rusa jugó un papel crucial en la configuración de la identidad del pueblo ruso, particularmente durante tiempos de invasión extranjera y conflictos internos. Incluso bajo la dura represión del régimen soviético en el siglo XX, la Iglesia Ortodoxa Rusa resistió y su influencia creció después de la caída del comunismo en 1991.

Hoy en día, la Iglesia Ortodoxa está experimentando un resurgimiento en muchas partes del mundo, particularmente en países como Rusia, Grecia, Serbia y Rumania, donde sigue siendo la tradición religiosa dominante. En la diáspora, las comunidades ortodoxas han establecido iglesias e instituciones en América del Norte, Europa occidental y Australia, proporcionando hogares espirituales a inmigrantes de países ortodoxos, así como a conversos a la fe. Esta presencia global ha permitido a la ortodoxia compartir sus ricas tradiciones litúrgicas, conocimientos teológicos y espiritualidad monástica con una audiencia más amplia.

Sin embargo, la Iglesia Ortodoxa también enfrenta nuevos desafíos en el mundo contemporáneo. El secularismo, la modernidad y la globalización han impactado la forma en que las comunidades ortodoxas viven su fe. En países como Rusia y Grecia, donde la ortodoxia está estrechamente ligada a la identidad nacional, la iglesia se ha visto enredada en conflictos políticos, lo que a menudo genera tensiones entre las autoridades religiosas y seculares. En otras partes del mundo, los cristianos ortodoxos enfrentan el desafío de vivir su antigua fe en sociedades multiculturales y pluralistas, donde sus tradiciones y creencias a veces pueden parecer fuera de sintonía con la cultura predominante.

A pesar de estos desafíos, la influencia global de la ortodoxia oriental sigue creciendo. El énfasis de la iglesia en el misticismo, el ascetismo y la búsqueda de la santidad resuena en las personas que buscan una vida espiritual más profunda en un mundo que a menudo se siente fragmentado y superficial. El rico patrimonio teológico y litúrgico de la Iglesia Ortodoxa, combinado con su alcance global, garantiza que siga siendo una fuerza vital en el panorama religioso contemporáneo.

El papel del catolicismo romano en el cristianismo moderno: cómo el cisma todavía afecta la dinámica religiosa global

Mientras que la ortodoxia oriental se desarrolló siguiendo su propio camino después del Gran Cisma, la Iglesia Católica Romana creció hasta convertirse en la denominación cristiana más grande del mundo, con más de mil millones de seguidores. Hoy en día, el catolicismo romano es una religión verdaderamente global, con poblaciones importantes en Europa, América Latina,

África y Asia. Sin embargo, el legado del cisma sigue dando forma a la forma en que la Iglesia católica se relaciona con otras tradiciones cristianas, especialmente la Iglesia Ortodoxa Oriental.

Uno de los aspectos más significativos del papel del catolicismo romano en el cristianismo moderno es su estructura centralizada. A diferencia de la Iglesia Ortodoxa, que está formada por iglesias nacionales autónomas, la Iglesia Católica está unida bajo la autoridad del Papa. Esta centralización ha permitido a la Iglesia Católica mantener un sentido de unidad y coherencia entre diferentes culturas y regiones. El papado, en particular, ha sido una fuente tanto de autoridad espiritual como de poder político, moldeando el curso de la historia europea e influyendo en los acontecimientos globales.

Sin embargo, el cisma ha dejado una huella duradera en la relación entre catolicismo y ortodoxia. La cuestión de la supremacía papal fue una de las principales cuestiones que condujeron a la ruptura entre Oriente y Occidente, y sigue siendo un punto de discordia hasta el día de hoy. Mientras que la Iglesia católica considera al Papa como el líder supremo de todos los cristianos, la Iglesia ortodoxa rechaza esta noción e insiste en un modelo más colegiado de gobierno eclesiástico, en el que los obispos guían colectivamente a los fieles.

Este desacuerdo sobre el papel del Papa continúa afectando los esfuerzos ecuménicos entre las dos iglesias. Aunque ha habido varios intentos de reconciliación a lo largo de los siglos, sobre todo en el Concilio de Florencia en el siglo XV y más recientemente en los diálogos iniciados por el Papa Juan Pablo II y el Patriarca Ecuménico Bartolomé, la plena comunión entre las Iglesias católica y ortodoxa permanece elusivo. Ambas partes han hecho importantes gestos de buena voluntad, como el levantamiento de las excomuniones mutuas en 1965, pero las diferencias teológicas y eclesiológicas siguen siendo profundas.

En el contexto más amplio del cristianismo global, el catolicismo romano sigue desempeñando un papel dominante. La vasta red de parroquias, escuelas, hospitales y organizaciones caritativas de la Iglesia Católica le otorga una posición única de influencia en muchas partes del mundo. El Papa, como líder de la Iglesia, es una de las figuras religiosas más reconocidas en el escenario mundial, y sus palabras y acciones a menudo tienen un peso significativo en los asuntos internacionales.

Sin embargo, la Iglesia católica también enfrenta su propia serie de desafíos en el mundo contemporáneo. Al igual que la Iglesia Ortodoxa, debe sortear las complejidades de la modernidad, el secularismo y la globalización. Los escándalos de abuso sexual que han sacudido a la Iglesia católica en las últimas décadas han dañado gravemente su autoridad moral, particularmente en Occidente. En muchas partes de Europa y América del Norte, el catolicismo enfrenta una disminución en la participación religiosa, con menos personas que asisten a misa y menos hombres jóvenes que eligen ingresar al sacerdocio.

Al mismo tiempo, el catolicismo está experimentando un crecimiento significativo en otras partes del mundo, particularmente en África y Asia. En estas regiones, el énfasis de la iglesia en la justicia social, la educación y la atención médica la ha convertido en una institución vital en las vidas de millones de personas. El alcance global de la Iglesia Católica garantiza que siga siendo un actor importante en la dinámica religiosa, cultural y política del siglo XXI.

El impacto cultural y político del cisma: cómo la división dio forma al curso de la historia de Europa y Oriente Medio

El Gran Cisma no sólo moldeó el panorama religioso de la cristiandad, sino que también tuvo profundas consecuencias culturales y políticas que repercutieron en toda Europa y Oriente Medio. La división entre Oriente y Occidente contribuyó a la formación de identidades culturales distintas que, a su vez, influyeron en los acontecimientos políticos de los períodos medieval y moderno.

En Europa, el cisma solidificó la división entre el cristianismo latino y griego, y cada lado desarrolló sus propias tradiciones teológicas, litúrgicas y culturales distintas. Esta división no era sólo religiosa sino también política. En Occidente, la Iglesia Católica se convirtió en una institución poderosa que a menudo actuó como contrapeso a los gobernantes seculares, mientras que en Oriente, la Iglesia Ortodoxa estaba más estrechamente integrada con el Estado, particularmente en el Imperio Bizantino.

El cisma también influyó en la configuración del curso de las Cruzadas. Si bien las Cruzadas se lanzaron inicialmente para defender los territorios cristianos en Oriente de los invasores musulmanes, el cisma entre Oriente y Occidente complicó la relación entre los cruzados y el Imperio Bizantino. La Cuarta Cruzada, en particular, tensó esta relación hasta el punto de ruptura, cuando los cruzados de Europa occidental saquearon Constantinopla en 1204, profundizando la división entre las dos ramas del cristianismo.

En Oriente Medio, el cisma contribuyó a la marginación de las comunidades cristianas de la región, ya que tanto los cristianos ortodoxos orientales como los católicos se encontraron viviendo bajo dominio musulmán. La división entre las dos iglesias debilitó su capacidad para presentar un frente unido contra la expansión islámica, y las comunidades cristianas en el Medio Oriente quedaron cada vez más aisladas y vulnerables.

El cisma también tuvo consecuencias políticas a largo plazo para Europa. En los siglos posteriores al cisma, Europa occidental se convirtió en un conjunto de Estados-nación, en los que la Iglesia católica desempeñó un papel central en la formación de la identidad europea. En contraste, el Imperio Bizantino, con sus estrechos vínculos con la Iglesia Ortodoxa, se volvió cada vez más aislado y se centró en su propia supervivencia frente a las amenazas externas.

El ascenso del Imperio Otomano en los siglos XIV y XV exacerbó aún más la división entre Oriente y Occidente. Cuando los otomanos conquistaron territorios bizantinos, incluida Constantinopla en 1453, se convirtieron en la potencia dominante en el Mediterráneo oriental y la Iglesia ortodoxa se encontró viviendo bajo dominio musulmán. La caída de Constantinopla marcó el fin del Imperio Bizantino y el comienzo de un nuevo capítulo en la historia de la ortodoxia, a medida que la iglesia se adaptaba a la vida en el Imperio Otomano.

En Occidente, la Iglesia católica siguió ejerciendo una influencia política significativa, particularmente durante los períodos del Renacimiento y la Reforma. La Reforma Protestante del siglo XVI dividió aún más el cristianismo occidental, lo que provocó una serie de guerras religiosas que moldearon el panorama político de Europa durante siglos. La respuesta de la Iglesia Católica a la Reforma, conocida como Contrarreforma, reafirmó su autoridad y solidificó su papel como institución central en la política y la cultura europeas.

El impacto cultural y político del cisma todavía se puede sentir hoy, particularmente en Europa del Este y Medio Oriente, donde las comunidades ortodoxa y católica continúan coexistiendo, a menudo con una historia de tensión y conflicto. La división entre las dos iglesias también ha influido en la relación entre Europa oriental y occidental: países como Rusia y Grecia mantienen vínculos más estrechos con la Iglesia ortodoxa, mientras que los países de Europa occidental siguen siendo mayoritariamente católicos o protestantes.

La conversación en curso: por qué el gran cisma sigue siendo relevante hoy y qué podemos aprender de él

Puede que el Gran Cisma haya ocurrido hace casi mil años, pero su legado continúa dando forma al mundo actual. La división entre la Iglesia Católica Romana y la Iglesia Ortodoxa Oriental sigue siendo un factor importante en la dinámica religiosa global, y el diálogo en curso entre las dos tradiciones ofrece ideas importantes sobre la naturaleza de la unidad y diversidad cristiana.

En las últimas décadas, se han renovado los esfuerzos por sanar las divisiones entre Oriente y Occidente. Los diálogos ecuménicos entre las Iglesias católica y ortodoxa han buscado abordar las diferencias teológicas y eclesiológicas que las han mantenido separadas durante siglos. Si bien aún no se ha logrado la plena comunión, se han dado pasos significativos hacia la reconciliación, incluidas declaraciones conjuntas sobre cuestiones teológicas clave y una mayor cooperación en áreas de justicia social y trabajo humanitario.

Una de las lecciones clave del Gran Cisma es la importancia de la humildad y la comprensión mutua en la búsqueda de la unidad cristiana. El cisma no fue sólo una disputa teológica sino también un reflejo de diferencias culturales, políticas e históricas que fueron exacerbadas por el orgullo y los malentendidos de ambas partes. Hoy, mientras los cristianos buscan salvar las divisiones entre diferentes denominaciones y tradiciones, la historia del Gran Cisma sirve como recordatorio de la necesidad de paciencia, diálogo y voluntad de escucharnos unos a otros.

La relevancia del Gran Cisma se extiende también más allá del mundo cristiano. En un mundo cada vez más globalizado e interconectado, las divisiones entre Oriente y Occidente que se solidificaron con el cisma siguen influyendo en la geopolítica, particularmente en regiones como Europa del Este y Oriente Medio. Las identidades culturales y religiosas moldeadas por el cisma siguen desempeñando un papel en los conflictos y alianzas contemporáneos, desde las tensiones entre Rusia y Europa occidental hasta el papel del cristianismo ortodoxo en la política de países como Grecia, Serbia y Ucrania.

Además, el Gran Cisma plantea cuestiones importantes sobre la naturaleza de la autoridad religiosa y el papel de la tradición en la configuración de la fe. La división entre las Iglesias católica y ortodoxa fue, en muchos sentidos, un conflicto sobre quién tenía la autoridad para definir la doctrina y la práctica cristianas. Hoy en día, mientras las comunidades religiosas enfrentan los desafíos de la modernidad, el equilibrio entre tradición e innovación sigue siendo una cuestión central.

Conclusión: lecciones de la historia y esperanzas para el futuro

El Gran Cisma de 1054 fue uno de los puntos de inflexión más importantes en la historia cristiana, y marcó la división entre las Iglesias ortodoxa oriental y católica romana. Esta separación no fue un acontecimiento repentino sino el resultado de siglos de tensión creciente, desacuerdos teológicos, diferencias culturales y ambiciones políticas. Al mirar retrospectivamente las causas y consecuencias de esta monumental división, es esencial reflexionar sobre las lecciones que nos ofrece la historia. Comprender estas lecciones no sólo es valioso para comprender el pasado sino también para moldear el futuro del mundo cristiano. En esta conclusión, exploraremos los factores clave que llevaron al cisma, las consecuencias de la división y cómo una Iglesia cristiana unida podría haber dado forma a la historia de manera diferente. También consideraremos el papel del diálogo y la comunicación, tanto en el pasado como en la actualidad, como un elemento crucial para sanar las divisiones y fomentar la unidad.

Una reflexión sobre las causas y consecuencias: comprender los factores complejos que llevaron al cisma

Para apreciar verdaderamente el Gran Cisma y su impacto duradero, debemos comenzar por examinar las causas profundas que abrieron la brecha entre Oriente y Occidente. En el centro del cisma estaban los desacuerdos teológicos, sobre todo la disputa sobre la adición de la cláusula "Filioque" al Credo de Nicea. Este pequeño cambio, que alteró la frase "el Espíritu Santo procede del Padre" por "el Espíritu Santo procede del Padre y del Hijo", se convirtió en un punto de amarga disputa entre las dos partes. Oriente vio esto como una innovación peligrosa, mientras que Occidente lo consideró una clarificación natural de la doctrina.

Sin embargo, las diferencias teológicas eran sólo la superficie. Detrás de ellos se esconden cuestiones más profundas que se habían estado gestando durante siglos. Una de ellas fue la cuestión de la autoridad papal. Occidente, bajo el liderazgo del Papa en Roma, creía en una estructura jerárquica en la que el Papa tenía autoridad suprema sobre toda la cristiandad. Oriente, encabezado por el Patriarca de Constantinopla, rechazó esta idea, insistiendo en la autonomía de las Iglesias orientales y manteniendo que ningún obispo debería tener autoridad universal sobre todo el mundo cristiano.

Las diferencias culturales también jugaron un papel importante en el cisma. Las Iglesias oriental y occidental se habían desarrollado siguiendo líneas distintas, influenciadas por sus respectivos imperios. El Imperio Bizantino, con su lengua y tradiciones griegas, dio forma a la Iglesia Oriental, mientras que Occidente de habla latina evolucionó bajo la influencia del Imperio Romano. Estas diferencias culturales se reflejaron en las prácticas religiosas, los ritos litúrgicos e incluso la arquitectura de las iglesias. Con el tiempo, estas diferencias se hicieron más pronunciadas, creando una sensación de "otredad" entre las dos ramas del cristianismo.

Los factores políticos fueron igualmente importantes en el período previo al cisma. El Imperio Bizantino y el Sacro Imperio Romano a menudo estaban en conflicto, tanto política como militarmente. Estas rivalidades se extendieron a la esfera religiosa, cuando los líderes de ambos imperios buscaron utilizar a la Iglesia para afirmar su poder. El cisma de 1054 fue tanto una lucha política como teológica, y las excomuniones de ese año sirvieron como acto final de una larga serie de juegos de poder entre Roma y Constantinopla.

Las consecuencias del Gran Cisma fueron profundas. La división entre Oriente y Occidente creó dos tradiciones cristianas distintas, cada una con su propia teología, liturgia y liderazgo. Esta división no sólo debilitó a la cristiandad sino que también preparó el escenario para futuros conflictos, incluidas las Cruzadas y las tensiones posteriores entre el Imperio Otomano y la Europa cristiana. El cisma también tuvo efectos culturales y sociales duraderos, ya que los cristianos orientales y occidentales se veían cada vez más como rivales en lugar de hermanos en la fe.

Lo que podría haber sido: imaginar una iglesia cristiana unida y su impacto potencial en la historia

Es fascinante considerar lo que podría haber sucedido si se hubiera evitado el Gran Cisma y la Iglesia cristiana hubiera permanecido unida. La idea de una cristiandad unificada no es simplemente una noción romántica: tiene un significado histórico real y podría haber alterado dramáticamente el curso de la historia europea y mundial.

En un mundo donde las Iglesias oriental y occidental permanecieran unidas, las disputas teológicas que contribuyeron al cisma se habrían resuelto mediante el diálogo y el compromiso. En lugar de excomuniones y anatemas mutuos, los líderes de la Iglesia podrían haber trabajado juntos para salvar sus diferencias. Esta unidad habría proporcionado una base más sólida para el mundo cristiano, tanto espiritual como políticamente.

Una Iglesia unida podría haber desempeñado un papel crucial en las Cruzadas. Con el pleno apoyo de las Iglesias Ortodoxa Oriental y Católica Romana, las Cruzadas podrían haber sido más efectivas en la defensa de los territorios cristianos en el Medio Oriente. El trágico saqueo de Constantinopla durante la Cuarta Cruzada, que profundizó la brecha entre Oriente y Occidente, tal vez nunca hubiera ocurrido. En cambio, un ejército cristiano unido podría haberse centrado en sus enemigos comunes en lugar de atacarse unos a otros.

Más allá de las Cruzadas, una Iglesia unida podría haber fomentado una relación más cooperativa entre los Imperios Bizantino y Sacro Romano. Esta unidad política podría haber evitado la caída de Constantinopla en manos de los turcos otomanos en 1453. Si las Iglesias oriental y occidental hubieran podido presentar un frente unido, la expansión otomana en Europa podría haberse ralentizado o incluso detenido. La preservación del Imperio Bizantino habría tenido consecuencias de gran alcance para el desarrollo de la historia europea, especialmente en términos de comercio, cultura y difusión del cristianismo.

Una Iglesia cristiana unida también habría tenido un profundo impacto en la vida cultural e intelectual de Europa. Oriente era un centro de aprendizaje y erudición, y el Imperio Bizantino conservó muchos textos griegos clásicos que luego influirían en el Renacimiento. Si Oriente y Occidente hubieran permanecido unidos, el flujo de conocimientos e ideas entre las dos regiones habría sido más fuerte. El Renacimiento, que ya estuvo influenciado por el redescubrimiento de la filosofía griega, podría haber ocurrido antes y más rápidamente, impulsando aún más los logros intelectuales y artísticos de Europa.

Pero quizás el impacto más significativo de una Iglesia unida habría sido en la vida espiritual de los cristianos en todo el mundo. Sin la amargura y la división del cisma, la Iglesia cristiana podría haber sido una voz más unificada por la paz, la justicia y la fe. Los conflictos y rivalidades que surgieron del cisma, incluidas las posteriores guerras de religión y la Reforma protestante, podrían haberse evitado o mitigado. En lugar de centrarse en sus diferencias, los cristianos podrían haber trabajado juntos para difundir su fe y sus valores por todo el mundo.

La importancia del diálogo: por qué la comunicación abierta podría haber salvado a la Iglesia y por qué sigue siendo importante

En el centro del Gran Cisma estuvo una falla de comunicación. Se permitió que las diferencias teológicas, los malentendidos culturales y las rivalidades políticas se agravaran porque no hubo un diálogo abierto y honesto entre los líderes de las Iglesias oriental y occidental. En 1054, las excomuniones que formalizaron el cisma podrían haberse evitado si ambas partes hubieran estado dispuestas a entablar conversaciones significativas y buscar puntos en común.

Una de las lecciones clave que podemos extraer del Gran Cisma es la importancia del diálogo para resolver conflictos. Las disputas teológicas, como las que giran en torno a la cláusula Filioque o la naturaleza de la autoridad papal, son complejas y están profundamente arraigadas en siglos de tradición. Sin embargo, estas disputas podrían haberse abordado mediante concilios y discusiones en lugar de excomuniones y anatemas. La falta de comunicación eficaz provocó malentendidos que profundizaron la división entre Oriente y Occidente.

El Cisma también nos enseña que no se debe permitir que las diferencias culturales eclipsen las creencias y valores compartidos que unen a las personas de fe. Las Iglesias oriental y occidental habían desarrollado diferentes prácticas litúrgicas, pero en esencia ambas seguían las enseñanzas de Cristo. El hecho de no reconocer este fundamento compartido contribuyó a la ruptura de las relaciones entre las dos ramas del cristianismo. La comunicación abierta y la voluntad de aceptar la diversidad dentro de la tradición cristiana podrían haber ayudado a prevenir el cisma.

Incluso hoy, la lección del diálogo sigue siendo relevante. La división entre las Iglesias ortodoxa oriental y católica romana todavía existe, pero en los últimos años se han realizado esfuerzos para cerrar esta brecha histórica. Los encuentros entre Papas y Patriarcas ortodoxos, como los encuentros entre el Papa Francisco y el Patriarca Bartolomé, son pasos en la dirección correcta. Estas conversaciones, aunque simbólicas, muestran que el diálogo todavía es posible y que ambas partes están dispuestas a entablar debates sobre sus diferencias.

Además, el diálogo es esencial no sólo para las relaciones entre las Iglesias oriental y occidental, sino también para la comunidad cristiana en general. Las divisiones dentro del cristianismo, incluida la división entre catolicismo y protestantismo, son el resultado de siglos de conflicto y desacuerdo. Sin embargo, a medida que los cristianos enfrentan nuevos desafíos en el mundo moderno, desde el secularismo hasta la injusticia social, existe un reconocimiento cada vez mayor de que la unidad y la cooperación son más importantes que nunca.

La comunicación abierta permite el intercambio de ideas, la resolución de malentendidos y la creación de confianza. Al participar en el diálogo, los cristianos pueden trabajar juntos para abordar las cuestiones apremiantes de nuestro tiempo, respetando al mismo tiempo la diversidad de sus tradiciones. La lección del Gran Cisma es que la división debilita a la Iglesia, mientras que la unidad la fortalece.

Un camino a seguir: explorar la posibilidad de unidad en el mundo cristiano moderno

Si bien las cicatrices del Gran Cisma aún persisten, la esperanza de unidad dentro de la Iglesia cristiana sigue viva. El camino hacia la reconciliación es largo y difícil, pero hay señales de que se están logrando avances. En el mundo cristiano moderno, las divisiones que alguna vez parecieron insuperables ahora están siendo reevaluadas a la luz de nuevas perspectivas y desafíos compartidos.

Uno de los acontecimientos más significativos de los últimos años ha sido el creciente énfasis en el ecumenismo: el movimiento hacia la unidad cristiana. Los esfuerzos ecuménicos, que comenzaron en el siglo XX, han buscado unir diferentes denominaciones cristianas a través del diálogo, la cooperación y el entendimiento mutuo. La Iglesia Católica, a través del

Concilio Vaticano Segundo, logró avances significativos para llegar a otras tradiciones cristianas, incluida la Iglesia Ortodoxa Oriental. El énfasis del concilio en el diálogo, el respeto por otras tradiciones y la importancia de la unidad cristiana fue un momento decisivo en la historia de la Iglesia.

La Iglesia Ortodoxa también ha mostrado voluntad de entablar un diálogo con la Iglesia Católica Romana. Si bien todavía existen diferencias teológicas significativas, particularmente en lo que respecta a la autoridad papal, ambas partes han reconocido la importancia de trabajar juntas en temas de interés común, como la justicia social, la pobreza y el medio ambiente. Los desafíos compartidos del mundo moderno han creado oportunidades de cooperación que habrían sido impensables en los siglos posteriores al Cisma.

El camino hacia la unidad no se trata sólo de acuerdos teológicos sino de curar las heridas de la historia. Una de las barreras más importantes para la reconciliación es la desconfianza profundamente arraigada que se ha acumulado durante siglos de división. El legado de acontecimientos como la Cuarta Cruzada, en la que los cruzados occidentales saquearon Constantinopla, todavía pesa mucho en la relación entre Oriente y Occidente. Superar esta historia de traición y desconfianza requiere que ambas partes emprendan actos de perdón y reconciliación.

En los últimos años ha habido varios gestos importantes de reconciliación. En 1965, el Papa Pablo VI y el Patriarca Atenágoras I de Constantinopla levantaron las excomuniones mutuas que habían estado vigentes desde 1054. Este acto simbólico fue una poderosa declaración del deseo de unidad. Desde entonces, sucesivos Papas y Patriarcas se han reunido para discutir formas de fomentar relaciones más estrechas entre las Iglesias orientales y occidentales. Si bien la plena comunión sigue siendo un objetivo lejano, estos esfuerzos demuestran que el deseo de unidad es real y que se están logrando avances.

El camino a seguir también implica reconocer y respetar la diversidad dentro de la tradición cristiana. Siempre existirán diferencias teológicas, pero no tienen por qué ser fuentes de división. Más bien, pueden verse como expresiones de la riqueza y diversidad de la fe cristiana. Al aceptar esta diversidad, los cristianos pueden encontrar puntos en común en sus creencias y valores compartidos y, al mismo tiempo, celebrar las contribuciones únicas de cada tradición.

En el mundo moderno, los desafíos que enfrenta el cristianismo son enormes. El secularismo, el materialismo y la injusticia social son sólo algunos de los problemas que los cristianos deben afrontar. Al trabajar juntos, los cristianos de diferentes tradiciones pueden ofrecer una respuesta unida a estos desafíos, aprovechando las fortalezas de sus diversos orígenes para promover la paz, la justicia y la fe.

En pocas palabras, el Gran Cisma de 1054 fue un acontecimiento trágico en la historia del cristianismo, que dejó profundas cicatrices en el mundo cristiano. Sin embargo, las lecciones del cisma también ofrecen esperanza para el futuro. Al reflexionar sobre las causas de la división, imaginar lo que podría haber sido y reconocer la importancia del diálogo, podemos trazar un camino hacia la unidad. Si bien la plena reconciliación entre las Iglesias ortodoxa oriental y católica romana puede ser todavía un sueño lejano, los esfuerzos de los movimientos ecuménicos modernos y el creciente reconocimiento de la necesidad de unidad ofrecen la esperanza de que la Iglesia cristiana pueda ir más allá de sus divisiones y trabajar junta para abordar los problemas Desafíos del siglo XXI. El futuro del cristianismo no reside en la división sino en la unidad, y las lecciones de la historia nos recuerdan que esta unidad es posible y necesaria.

Apéndices

El Gran Cisma de 1054, que dividió el cristianismo en la Iglesia Católica Romana y la Iglesia Ortodoxa Oriental, fue un evento complejo que involucró a muchas figuras clave, desacuerdos teológicos e hitos históricos. Comprender el cisma requiere no sólo conocer las acciones y motivos de los individuos involucrados, sino también comprender el panorama teológico y político de la época. Este apéndice sirve como punto de referencia para algunos de los aspectos más importantes del Cisma, proporcionando biografías de las figuras clave, un glosario de términos teológicos relevantes y una cronología de los principales acontecimientos que precedieron y siguieron al Cisma.

Figuras clave del cisma

La historia del Gran Cisma gira en torno a un puñado de figuras importantes cuyas acciones y decisiones influyeron directamente en el curso de la historia. Si bien el cisma fue la culminación de siglos de tensión entre Oriente y Occidente, estos individuos fueron los catalizadores que convirtieron los desacuerdos latentes en una división formal.

Papa León IX (1002-1054)

El Papa León IX fue uno de los líderes más importantes de la Iglesia occidental durante el siglo XI y jugó un papel fundamental en los acontecimientos que condujeron al Gran Cisma. Nacido como Bruno de Egisheim-Dagsburg en lo que hoy es Francia, provenía de una familia noble y fue nombrado obispo de Toul antes de convertirse en Papa en 1049. Su papado estuvo marcado por una serie de ambiciosas reformas destinadas a erradicar la corrupción dentro de la iglesia, incluyendo la eliminación de la simonía (la compra y venta de cargos eclesiásticos) y el matrimonio clerical.

León IX fue un firme defensor de la supremacía papal, creyendo que el Papa debería tener autoridad sobre todo el mundo cristiano, incluida la Iglesia Oriental. Esta creencia lo puso en desacuerdo con el Patriarca de Constantinopla, Michael Cerularius, quien rechazó las pretensiones papales de autoridad en Oriente. En 1054, León envió una delegación a Constantinopla, encabezada por el cardenal Humbert, para resolver las disputas en curso entre las iglesias. Sin embargo, la misión terminó en desastre, con los representantes de León excomulgando a Cerulario y provocando la división formal entre las Iglesias Oriental y Occidental.

A pesar de su muerte poco antes de que se emitieran las excomuniones finales, el legado de León IX estará ligado para siempre al Gran Cisma. Su compromiso con la reforma y su creencia en la supremacía del papado prepararon el escenario para los acontecimientos que dividirían para siempre a la cristiandad.

Patriarca Miguel Cerulario (c. 1000-1059)

El patriarca Miguel Cerulario fue uno de los líderes más influyentes y controvertidos de la Iglesia bizantina en el siglo XI. Nacido en una prominente familia bizantina, Cerulario tuvo una larga carrera en el gobierno bizantino antes de ser nombrado Patriarca de Constantinopla en 1043. Como Patriarca, Cerulario era un feroz defensor de las tradiciones ortodoxas orientales y sospechaba profundamente de la influencia occidental.

Cerulario chocó con el Papa León IX y sus representantes por una variedad de cuestiones teológicas y litúrgicas, incluido el uso de pan con levadura versus pan sin levadura en la Eucaristía y la adición de la cláusula Filioque al Credo de Nicea. Estos desacuerdos llegaron a un punto crítico en 1054 cuando el cardenal Humbert emitió una bula de excomunión contra Cerulario en nombre del Papa León IX. En respuesta, Cerulario excomulgó a los legados del Papa, solidificando la ruptura entre Oriente y Occidente.

El desafío de Cerulario a la autoridad papal lo convirtió en un héroe para muchos en la Iglesia Ortodoxa Oriental, pero sus acciones también contribuyeron a un cisma que duraría casi un milenio. Continuó sirviendo como Patriarca hasta su muerte en 1059, siendo una figura central en la resistencia bizantina a la dominación occidental.

Cardenal Humbert de Silva Candida (c. 1000-1061)

El cardenal Humbert de Silva Candida fue un asesor cercano del Papa León IX y jugó un papel crucial en los acontecimientos que condujeron al Gran Cisma. Humbert, monje y erudito de formación, era conocido por su agudo intelecto y sus fuertes convicciones. Fue nombrado cardenal por el Papa León IX y se convirtió en uno de los principales agentes del Papa en sus esfuerzos por reformar la iglesia y afirmar la autoridad papal.

En 1054, el Papa León IX envió a Humbert como parte de una delegación a Constantinopla para negociar con el patriarca Miguel Cerulario. Sin embargo, la actitud intransigente de Humbert y su profunda desconfianza hacia la Iglesia Oriental rápidamente convirtieron la misión en una confrontación. Cuando las negociaciones fracasaron, Humbert tomó la dramática medida de colocar una bula de excomunión en el altar de Hagia Sophia, excomulgando a Cerulario y sus partidarios. Este acto es ampliamente considerado como el comienzo formal del Gran Cisma.

Las acciones de Humbert en Constantinopla fueron al mismo tiempo elogiadas y criticadas en Occidente. Algunos lo veían como un defensor de la fe, mientras que otros creían que había sido demasiado rígido y agresivo en su trato con la Iglesia Oriental. Sin embargo, su papel en el cisma sigue siendo uno de los más importantes de la historia cristiana.

Glosario de términos teológicos

Los debates teológicos que contribuyeron al Gran Cisma pueden ser complejos y difíciles de entender sin una comprensión sólida de los conceptos clave involucrados. Este glosario proporciona definiciones de algunos de los términos teológicos más importantes que desempeñaron un papel en el cisma.

Y su hijo

El término Filioque se refiere a una cláusula que la Iglesia occidental añadió al Credo de Nicea en el siglo VI. La versión original del Credo, formulada en los Concilios de Nicea (325) y Constantinopla (381), afirmaba que el Espíritu Santo "procede del Padre". La

Iglesia occidental, sin embargo, añadió las palabras "y el Hijo" (latín: Filioque), haciendo que la afirmación "proceda del Padre y del Hijo".

Esta adición fue muy controvertida en la Iglesia Oriental, que creía que la versión original del Credo no debía modificarse. La Iglesia Oriental argumentó que la cláusula Filioque distorsionó la doctrina de la Trinidad, ya que implicaba que el Espíritu Santo tenía dos fuentes de origen, en lugar de una. La inclusión de la cláusula Filioque en la liturgia occidental fue una de las principales cuestiones teológicas que contribuyeron al Gran Cisma.

Supremacía papal

La supremacía papal es la creencia de que el Papa, como obispo de Roma, tiene autoridad suprema sobre toda la Iglesia cristiana. Esta doctrina se desarrolló durante siglos en la Iglesia occidental y fue fuertemente defendida por el Papa León IX durante su papado. La idea de la supremacía papal se basaba en la creencia de que el Papa era el sucesor de San Pedro, a quien Jesucristo le dio autoridad para dirigir la Iglesia.

La Iglesia Oriental, sin embargo, rechazó la noción de supremacía papal, creyendo que todos los obispos eran iguales y que ningún obispo debería tener autoridad sobre todo el mundo cristiano. Este desacuerdo sobre el papel del Papa fue uno de los temas centrales que llevaron al Gran Cisma.

Pan con levadura versus pan sin levadura

Una de las diferencias teológicas más tangibles entre las Iglesias oriental y occidental tenía que ver con el uso del pan en la Eucaristía. La Iglesia occidental usaba pan sin levadura (pan elaborado sin levadura), que se creía que era un reflejo de la cena de Pascua que comían Jesús y sus discípulos. La Iglesia Oriental, en cambio, utilizaba pan leudado (pan elaborado con levadura), que creían que simbolizaba a Cristo resucitado.

Si bien esto puede parecer una diferencia menor, se convirtió en un importante punto de discordia entre las dos iglesias, con cada lado acusando al otro de herejía por usar el tipo de pan "incorrecto".

Excomunión

La excomunión es la expulsión formal de un individuo o grupo de la Iglesia cristiana. Es un castigo severo que esencialmente separa a la persona excomulgada de los sacramentos y de la comunidad de creyentes. En el contexto del Gran Cisma, tanto los legados del Papa como el patriarca Miguel Cerulario se excomulgaron mutuamente, oficializando la división entre Oriente y Occidente.

iconoclasia

La iconoclasia se refiere al rechazo o destrucción de imágenes religiosas, conocidas como íconos. Esta cuestión fue particularmente significativa en el Imperio Bizantino durante los siglos VIII y IX, cuando un movimiento conocido como la Controversia Iconoclasta buscó prohibir el uso de imágenes religiosas en el culto. La Iglesia Oriental finalmente reafirmó el uso de íconos, pero la cuestión dejó cicatrices duraderas en las relaciones entre Oriente y Occidente, ya que la Iglesia Occidental siempre había apoyado el uso de imágenes religiosas.

Cronología de los principales acontecimientos

El Gran Cisma no fue un acontecimiento único sino más bien el resultado de siglos de tensión y desacuerdo entre las Iglesias oriental y occidental. La siguiente cronología describe algunos de los principales acontecimientos que condujeron al cisma, así como los momentos clave posteriores.

Siglo IV: primeras tensiones

- 325 d.C.: El emperador Constantino convoca el Primer Concilio de Nicea para abordar las divisiones dentro de la Iglesia cristiana. Se formula el Credo de Nicea, que establece doctrinas clave sobre la naturaleza de Cristo y la Trinidad.

- 381 d.C.: El Primer Concilio de Constantinopla amplía el Credo de Nicea, afirmando que el Espíritu Santo procede del Padre. Esta versión del Credo es aceptada tanto por la Iglesia oriental como por la occidental en ese momento.

Siglo VI: Surge la controversia del Filioque

- 589 d.C.: La Iglesia occidental añade la cláusula Filioque al Credo de Nicea en el Tercer Concilio de Toledo, afirmando que el Espíritu Santo procede del Padre y del Hijo. La Iglesia Oriental rechaza esta adición, lo que marca el comienzo de tensiones teológicas entre Oriente y Occidente.

Siglos VIII-IX: iconoclasia y división cultural

- 726–787 d.C.: La controversia iconoclasta hace estragos en el Imperio bizantino, mientras el emperador

León III y sus sucesores intentan prohibir el uso de iconos religiosos.

La Iglesia occidental, encabezada por el Papa, se opone a esta prohibición. La controversia deja profundas divisiones entre Oriente y Occidente.

- 867 d.C.: El patriarca Focio de Constantinopla excomulga al Papa Nicolás I durante el Cisma de Focio, otro precursor del Gran Cisma. Este conflicto finalmente se resuelve, pero las tensiones persisten.

Siglo XI: la ruptura final

- 1054 d.C.: el Papa León IX envía una delegación, encabezada por el cardenal Humbert, a Constantinopla para resolver disputas con el patriarca Miguel Cerulario. Cuando las negociaciones fracasan, Humbert excomulga a Cerularius. En respuesta, Cerulario excomulga a los legados del Papa, formalizando el Gran Cisma.

Siglos XII y XIII: las cruzadas y una mayor división

- 1095 d.C.: el Papa Urbano II lanza la Primera Cruzada, pidiendo a los cristianos occidentales que defiendan a los cristianos orientales de los invasores musulmanes. Las Cruzadas inicialmente unieron a Oriente y Occidente, pero pronto se convirtieron en otra fuente de tensión.

- 1204 d.C.: La Cuarta Cruzada culmina con el saqueo de Constantinopla por parte de los cruzados occidentales. Este evento profundiza la división entre Oriente y Occidente, ya que los bizantinos se sienten traicionados por sus supuestos aliados.

Siglo XV: intentos de reconciliación

- 1439 d.C.: El Concilio de Florencia intenta sanar el cisma negociando una reunión entre las Iglesias oriental y occidental. Si bien se alcanzan algunos acuerdos, la reunión es finalmente rechazada por la mayoría del clero y los laicos orientales.

Siglo XX: pasos hacia la reconciliación

- 1965 d.C.: el Papa Pablo VI y el Patriarca Atenágoras I levantan las excomuniones mutuas de 1054, lo que indica un deseo de reconciliación entre las Iglesias católica romana y ortodoxa oriental. Si bien el cisma no está completamente curado, este momento marca un paso significativo hacia la mejora de las relaciones.

Siglo XXI: diálogo continuo

- Década de 2000-presente: Las Iglesias católica romana y ortodoxa oriental continúan entablando un diálogo destinado a resolver diferencias teológicas y mejorar las relaciones. Si bien sigue siendo difícil lograr una reunión plena, ambas partes han hecho esfuerzos para cerrar la brecha que las ha dividido durante casi un milenio.

Made in the USA
Middletown, DE
07 January 2025

69032230R00110